Klick! 2

Geschichte

Arbeitsheft

Erarbeitet von
Christine Fink
Dr. Oliver Fink
Wolfgang Humann
und Silke Weise

Cornelsen

Inhaltsverzeichnis

Reformation und Dreißigjähriger Krieg 36–49

Die Entstehung der Vereinigten Staaten von Amerika 50–65

Das Mittelalter

1 Sieh dir die Bilder auf der linken Seite genau an.
Beschreibe die Bilder.

2 Um wen geht es hier? Trage die passenden Wörter ein.

„Ich trage eine Krone auf dem Kopf und halte das Zepter

in der Hand. Ich bin der ______________________."

„Ich trage eine Rüstung und bin bewaffnet.

Ich bin ein ______________________."

„Ich trage eine Kutte und schreibe ein Buch.

Ich bin ein ______________________."

„Ich arbeite mit meiner Frau in einer Werkstatt.

Wir sind ______________________________."

„Ich arbeite auf dem Feld. Ich bin ein ______________________."

→ Bauer,
Handwerker,
König,
Mönch,
Ritter.

3 Die Zeit des Mittelalters ist auf der Zeitleiste farbig markiert.

a) Zwischen welchen Zeitaltern befindet sich das Mittelalter?

zwischen ______________________ und ______________________

b) Wann war die Zeit des Mittelalters?

von ______________________ bis ______________________

Die Ständeordnung

Im Mittelalter war das Leben der Menschen anders als heute.
Jede Familie gehörte einem bestimmten Stand an.
Es gab den Stand der Geistlichen, des Adels und der Bauern.
Die Tagelöhner und Bettler gehörten keinem Stand an.
Nur in Ausnahmen konnte jemand in einen anderen Stand wechseln.

→ Lexikon: S. 110–120
Stand

Abb. 1:

Zwischen den Ständen gab es große soziale und
rechtliche Unterschiede. Es war genau festgelegt,
wer welche Kleidung tragen durfte.
Jeder Stand hatte eine bestimmte Aufgabe.

Abb. 2:

Die Ständeordnung

1 Sieh dir die Abbildung 1 an.
Ordne die folgenden Begriffe zu den Bildern.

→ Adlige
Bauern
Geistliche

2 Sieh dir die Abbildung 2 an.
Was siehst du auf dem Bild?
Beschreibe das Bild.

3 Du findest im Bild drei lateinische Kommentare in alter Schrift.
Kannst du entziffern, welcher Kommentar wohin gehört?
Schreibe die Übersetzung auf die Linien neben die Abbildung.

Tu supplex ora = Bete!
Tu protege = Beschütze!
Tuque labora = Arbeite!

Die folgenden Arbeitsschritte helfen dir, Bilder zu deuten:

1. Schritt: Beobachtung
Betrachte das Bild.
Wie ist dein erster Eindruck?

2. Schritt: Beschreibung
Was siehst du?
Beschreibe das Bild so genau wie möglich:
Personen und Gegenstände.
Gehören Texte zum Bild?

3. Schritt: Deutung
Wer ist das auf dem Bild?
Was tun die Leute?
Was hat der Text mit dem Bild zu tun?

4. Schritt: Einordnung
Überlege dir eine passende Überschrift für das Bild.

4 Versuche nun, mit Hilfe dieser Arbeitsschritte
die Abbildung 2 zu deuten.

In einem Kloster

➔ Lexikon: S. 110–120
Kloster

Im Mittelalter war das Leben sehr stark vom Glauben geprägt. Oft traten Menschen als Nonne oder als Mönch in ein Kloster ein. Beten und Arbeiten – davon war das Leben im Kloster bestimmt.

Was arbeiteten die Nonnen und Mönche? Viele Klöster hatten ein Krankenhaus angeschlossen und versorgten alte und kranke Menschen. Fast jedes Kloster hatte eine Klosterschule. Hier wurde Lesen und Schreiben gelehrt.

Einige Klöster hatten eine Werkstatt, in der die Mönche zum Beispiel als Schreiner oder Zimmermann arbeiteten. Einige Klöster hatten riesige Gärten mit Heilpflanzen und Obstbäumen, die bewirtschaftet werden mussten.

Und natürlich wurde in der Arbeitszeit gelesen, geschrieben und studiert.

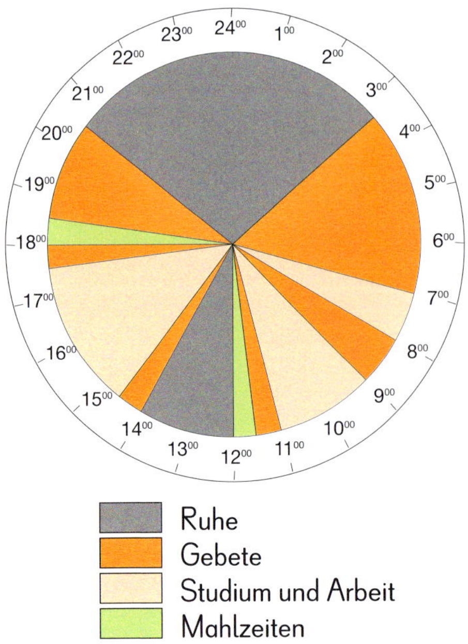

Im Text findest du Beispiele dafür, was die Nonnen und Mönche während ihrer Arbeitszeit zu tun hatten.

1 Schreibe neben die Bilder, was und wo hier gearbeitet wird.

2 Sieh dir die Grafik auf S. 10 an.
Hier kannst du ablesen, wann und was die Mönche getan haben.
Beschreibe mit Hilfe der Grafik den Tagesablauf in einem Kloster.

„Um 3.30 Uhr müssen die Nonnen und Mönche aufstehen.
Der Tag beginnt mit ...“

3 Schreibe in einer Tabelle auf, was du den Tag über machst.

6.30	Aufstehen
7.00	Frühstücken
7.30	Zur Schule gehen

4 Vergleiche deine Tabelle mit dem Tagesablauf im Kloster.

Buchstaben kunstvoll gestalten

Im Mittelalter wurden die Bücher in den Schreibwerkstätten der Klöster von Hand geschrieben oder abgeschrieben. Den Schreibern war es sehr wichtig, gleichmäßig und schön zu schreiben. Außerdem verzierten sie die Bücher kunstvoll mit farbigen Bildern.

Die Initialen

Eine besondere Kunst war das Verzieren von Initialen (= Anfangsbuchstaben). Dabei gab es verschiedene Möglichkeiten:

In die großen Buchstaben wurden Bilder hineingemalt, die mit dem Thema zu tun hatten.

Der Buchstabe wurde mit Ornamenten (= Verzierungen) ausgeschmückt.

Der Buchstabe wurde selbst zu einem Hauptgegenstand in einer gemalten Szene.

So kannst du ein Lesezeichen mit deiner Initiale herstellen.

1. Schneide aus Pappe ein Lesezeichen in der Größe der Vorlage aus.
2. Schreibe den Anfangsbuchstaben deines Namens auf das Lesezeichen.
3. Überlege dir, wie du dein Initial verzieren möchtest:
   - mit Bildern, die etwas über dich aussagen,
   - mit Ornamenten,
   - als Teil eines ganzen Bildes.

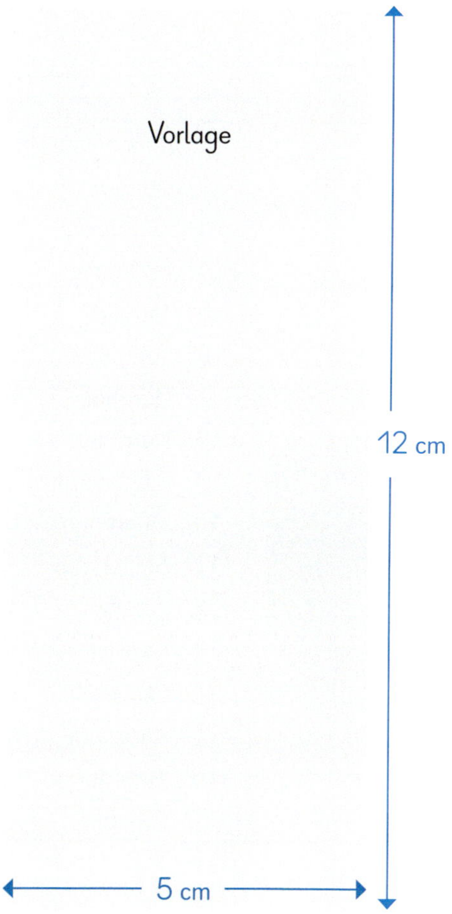

Christopher hat sein Lesezeichen mit seiner Initiale „C“ gestaltet. So sieht sein fertiges Lesezeichen aus.

1 Gestalte dein eigenes Lesezeichen mit deiner Initiale. Verwende dazu die Buchstaben hier am Rand.

A B C
a b c
D E F
d e f
G H I
g h i
J K L
j k l
M N O
m n o
P Q R
p q r
S T U
ſ t u
V W X
v w x
Y Z
y z

Ritter und Burgen

Die Ritter waren im Mittelalter die Krieger des Königs.

Die Ausrüstung der Ritter bestand aus:

- Helm
- Kettenhemd
- Schienen an Armen und Beinen

Als Waffen trugen sie:

- Lanze
- Schwert
- Streitkolben

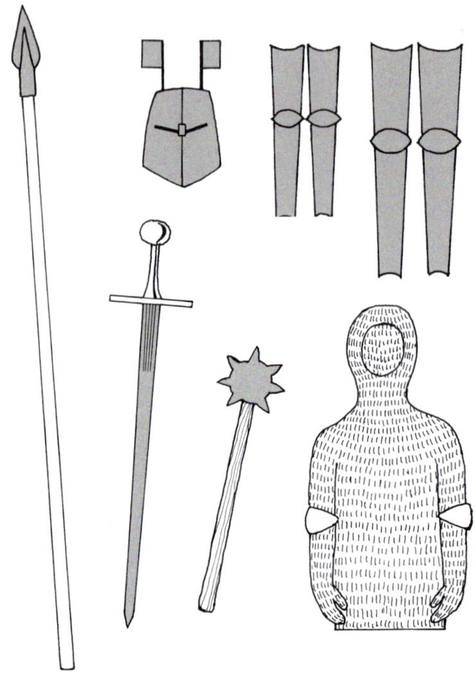

Ritter lebten auf einer Burg.
Noch heute gibt es viele Orte, die mit ...-burg oder ...-stein enden.

1. Zugangsstraße
2. Burgtor
3. Zugbrücke
4. Pechnase
5. Torhaus
6. Fallgatter
7. Burghof
8. Bergfried
9. Zinnenkranz
10. Ziehbrunnen
11. Stallungen
12. Zeughaus
13. Kapelle
14. Kemenate
15. Wirtschaftsgebäude
16. Wehrgang
17. Zwinger
18. Ringmauer
19. Schießscharte
20. Wassergraben

Die Burgen waren oft umkämpft.
Dann mussten die Burgbewohner ihre Burg verteidigen.
In Friedenszeiten veranstaltete man gerne Feste mit Jagden und Turnieren.
Die Ritterfamilien legten Wert darauf, „ritterlich" zu leben: Höflichkeit, Selbstbeherrschung, Zuverlässigkeit und Schutz der Schwachen waren ihnen wichtig.

Im 15. Jahrhundert wurden die Feuerwaffen (Kanonen und Gewehre) immer wichtiger. Damit ging die Zeit der Ritter zu Ende.

Ritter und Burgen

1 Was brauchte ein Ritter? Ordne die folgenden Wörter den Begriffen zu.

Kleidung/Ausrüstung: ______________________________

____

Waffen: ______________________________

____

Kettenhemd
Lanze
Schwert
Schild
Helm
Streitkolben

2 Welche Orte kennst du, die auf …**burg** oder …**stein** enden?

3 Ritter Kunibert führt durch seine Burg.

a) Trage die richtige Zahl aus der Zeichnung der Burg in die Klammern ein.
b) Beende den letzten Satz.

Meine Burg ist gut gesichert, wie alle Burgen. Die Ringmauer um die Burg ist bis zu einem Meter dick. (   ) In die Mauer sind Schießscharten eingelassen. Das sind kleine Fenster, durch die meine Leute auf Feinde schießen können. (   ) Es führt nur eine Zugangsstraße zur Burg. (   ) Hier gibt es eine Zugbrücke. Nur wenn meine Leute sie herunter lassen, kann man die Burg betreten. (   ) Sonst würde man in den Wassergraben fallen. (   ) Durch das Burgtor (   ) und das Torhaus (   ) gelangt man in das Innere der Burg. Ein Fallgatter schützt zusätzlich vor Feinden. Das ist eine Art heruntergelassener Zaun. (   ) Im Inneren der Burg findest du unterschiedliche Gebäude:

____

____

4 Ritterliche Eigenschaften, wie Höflichkeit und Hilfsbereitschaft, sind auch heute noch wichtig für den guten Umgang miteinander. Wann warst du zuletzt höflich oder hilfsbereit?

Das Leben der Bauern

Im frühen Mittelalter gab es nur wenige Städte.
Die Menschen lebten hauptsächlich als Bauern in kleinen Dörfern.

„Ich bin ein freier Bauer. Ich bearbeite meinen eigenen Hof mit Feldern und Garten. Ich versorge meine Tiere. Aber fast jedes Jahr muss ich Kriegsdienst leisten. Geld bekomme ich keins, meine Ausrüstung muss ich auch selber besorgen. Und wenn ich weg bin, kann ich mich nicht um meinen Hof kümmern. Wir sind schon völlig verarmt!"

„Mach es wie ich: Ich konnte auch nicht mehr! Alles habe ich meinem Grundherren übertragen und bin sein „Unfreier" geworden. Nun muss ich zwar Abgaben zahlen und Frondienste* leisten. Aber ich muss auch nicht mehr in den Krieg ziehen!"

* Frondienste = Arbeiten, die ein unfreier Bauer für seinen Grundherren leistete

1 Lies das Gespräch zwischen den beiden Bauern.

2 Welche Vorteile und welche Nachteile hatten freie Bauern und unfreie Bauern? Trage in die Tabelle ein.

	freie Bauern	unfreie Bauern
Vorteile		
Nachteile		

Alle mussten mithelfen

Auch die Kinder mussten bereits mithelfen. Mit fünf oder sechs Jahren erledigten sie kleinere Arbeiten: Kühe oder Schweine hüten, Holz und Beeren sammeln. Wenn sie älter wurden, mussten sie auf dem Acker helfen. Mit etwa zehn Jahren konnten sie schon gut mit den Tieren und den Ackergeräten umgehen. Zur Schule gingen sie nicht.

3 Was hatte ein Bauer alles zu tun? Beschreibe die Bilder.

Ein Bauer musste

→ Getreide säen, mähen, dreschen

Obst ernten

Schweine hüten, schlachten

4 Wo hilfst du zu Hause mit? Erzähle.

Das Leben in der Stadt

Zu Beginn des 13. Jahrhunderts änderte sich das Leben der Menschen. Nun entwickelten sich Städte. Hier arbeiteten die Leute vor allem als Handwerker oder Händler.

Warum zog es die Leute in die Städte?

Zwei Jugendliche aus dem Mittelalter berichten:

Jonas, 14 Jahre

„Ich möchte vom Land in die Stadt umziehen. Ich interessiere mich für Gewürze, Stoffe und kostbare Steine. Gerne würde ich bei einem Kaufmann in der Stadt arbeiten und ihn auf seinen Handelsreisen begleiten."

„Ich möchte ebenfalls in die Stadt. Ich bin sehr geschickt im Handarbeiten. Sicher finde ich Arbeit bei reichen Leuten oder als Helferin in einer Schneiderei. Dann muss ich nicht mehr die schwere Landarbeit verrichten. Und ich will nicht an einen Knecht verheiratet werden, wie es meiner Schwester passiert ist."

Maria, 13 Jahre

Handwerksberufe in einer mittelalterlichen Stadt

In der Stadt wurden viele verschiedene Handwerker gebraucht: Bäcker, Töpfer, Müller, Schmiede, Schneider, Weber, Färber und viele mehr. Die einzelnen Handwerksberufe schlossen sich zu Gruppen zusammen. Diese Gruppen nannte man Zünfte. Die Zünfte überprüften das Können der Handwerker und legten die Preise für ihre Waren fest.

1: Schmied

2: Weber

3: Bäcker

Das Leben in der Stadt

1 Beantworte die Fragen.

a) Wofür interessiert sich Jonas?

b) Warum will er in die Stadt umziehen?

c) Was kann Maria gut?

d) Warum will sie nicht mehr auf dem Land leben?

2 Welche vier mittelalterlichen Berufe sind auf den Zunftwappen dargestellt? Ordne die Zunftwappen den Berufen zu.

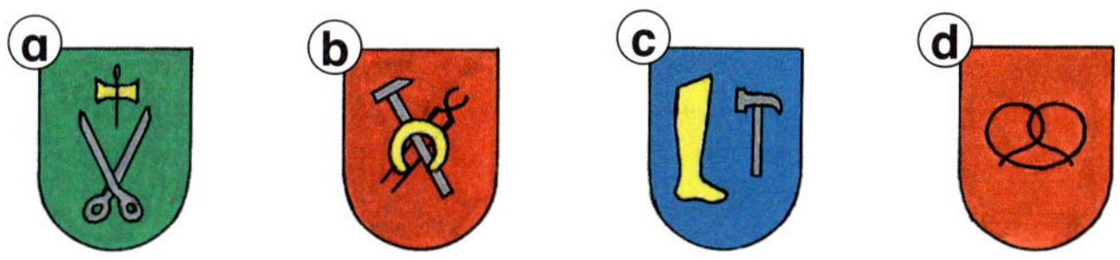

Bäcker: ☐ Schneider: ☐ Schmied: ☐ Schuhmacher: ☐

3 Was möchtest du einmal von Beruf werden?

4 Überlege dir ein passendes Zunftwappen für deinen Wunsch-Beruf.

a) Bedenke dabei: Es soll einfach zu erkennen sein.
Die wichtigsten Werkzeuge, Gegenstände oder Produkte des Berufes sollten darauf abgebildet sein.

b) Male dein Zunftwappen in dein Heft.

Das kann ich!

1 Ordne die Begriffe den Beschreibungen zu:

freie Bauern, Grundherren, Initialen, Stände, ~~Turnier~~, unfreie Bauern, Zünfte.

Sie hatten einen eigenen Hof mit Feldern, Garten und Ställen. Sie mussten aber Kriegsdienste leisten.

____

In Friedenszeiten veranstaltete man gerne diese Wettkämpfe.

Turnier

Ein anderes Wort für „Anfangsbuchstaben".

____

Sie mussten ihrem Grundherren Abgaben zahlen und Frondienste leisten. Aber sie mussten auch nicht mehr in den Krieg ziehen.

____

Im Mittelalter gab es drei davon: Geistliche, Adlige und Bauern. Tagelöhner und Bettler gehörten keinem davon an.

____

Er bot den unfreien Bauern Schutz und ersparte ihnen den Kriegsdienst. Die Bauern mussten dafür Abgaben zahlen und Frondienste leisten.

____

In den Städten schlossen sich die einzelnen Handwerksberufe zu diesen Gruppen zusammen.

____

2 Viele Namen von heute sind von mittelalterlichen Berufen abgeleitet.
Verbinde die Namensschilder mit den passenden Bildern.

Susanne **Bäcker** | Klaus **Wagner** | Peter **Schmidt** | Maria **Weber**

3 Richtig oder falsch? Kreuze an.
Überlege, ob diese Behauptungen über das Mittelalter zutreffend sind.
In Klammern steht die Seite, auf der du nachschlagen kannst.

	richtig	falsch
1. Im Mittelalter war das Leben der Menschen anders als heute. (Seite 8)	☐	☐
2. Jede Familie gehörte einem bestimmten gesellschaftlichen Stand an. (Seite 8)	☐	☐
3. Im Mittelalter war das Leben sehr stark vom Glauben geprägt. (Seite 10)	☐	☐
4. Klöster gab es damals noch nicht. (Seite 10)	☐	☐
5. Die Ausrüstung der Ritter bestand aus einer blauen Uniform. (Seite 14)	☐	☐
6. Die Ritter lebten auf Burgen. (Seite 14)	☐	☐
7. Als im 15. Jahrhundert Kanonen und Gewehre immer mehr Bedeutung gewannen, wurden die Ritter besonders wichtig. (Seite 14)	☐	☐
8. Im frühen Mittelalter gab es nur wenige Städte. Die meisten Menschen lebten als Könige auf dem Land. (Seite 16)	☐	☐
9. Ab dem 13. Jahrhundert entwickelten sich Städte. (Seite 18)	☐	☐
10. In den Städten gab es viele Handwerker. Sie schlossen sich zu Zünften zusammen. (Seite 18)	☐	☐

4 Nun ist deine Meinung gefragt:
Was hat dir am Thema „Mittelalter" am meisten gefallen?

Die Zeit der Entdeckungen

1 Seht euch das Bild an.
Was machen die Menschen?

Eine neue Zeit bricht an

Vor über 500 Jahren brach die Zeit der Entdeckungen an. Die Menschen gingen mit dem Schiff auf Entdeckungsreisen. Sie suchten unbekannte Länder und neue Seewege. Ihre Vorbilder waren die Griechen und Römer des Altertums. Denn die Griechen und Römer hatten schon viel erforscht. Man nennt diese Zeit auch „Renaissance“ (sprich: „Renesons“). Dieses Wort bedeutet „Wiedergeburt“. Die Ideen der Griechen und Römer sollten wiedergeboren werden.

Kolumbus entdeckt Amerika

Die Europäer erobern das Aztekenreich

1000 — 1492 — 1500 — 1519–1521 — 2000

Auf dieser Seite siehst du, was dich in diesem Kapitel erwartet.

2 Sieh dir die Bilder genau an.
Schreibe die Wörter rechts unter die richtigen Bilder.

- die Entdeckung eines neuen Kontinents
- das blutige Menschenopfer
- Die Eroberer kommen!
- Neue Früchte kommen nach Europa.

Eine neue Zeit bricht an

1 Beschreibt das Bild. Was machen die Menschen?

Ein neues Weltbild

Im Mittelalter glaubten die Menschen, dass die Sonne, der Mond und die Planeten sich um die Erde drehen. Sie dachten, dass die Erde der Mittelpunkt der Welt ist.

Vor ungefähr 450 Jahren beobachtete ein Mann den Himmel sehr genau. Er hieß Kopernikus. Dabei machte er eine wichtige Entdeckung. Er stellte fest, dass die Erde und die anderen Planeten sich um die Sonne drehen. Die Sonne ist der Mittelpunkt in unserem Sonnensystem.

2 Sprecht in der Klasse darüber,
was ihr über die Sonne und die Planeten wisst.

So stellten sich die Menschen im Mittelalter das Weltall vor:

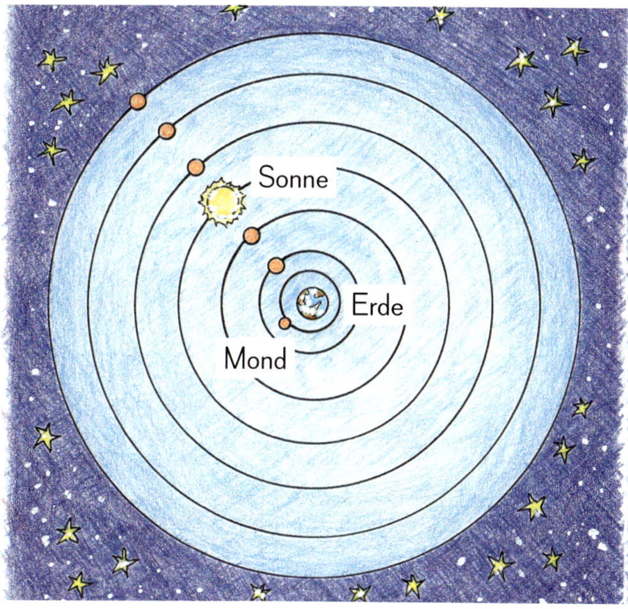

Das beobachtete Kopernikus:

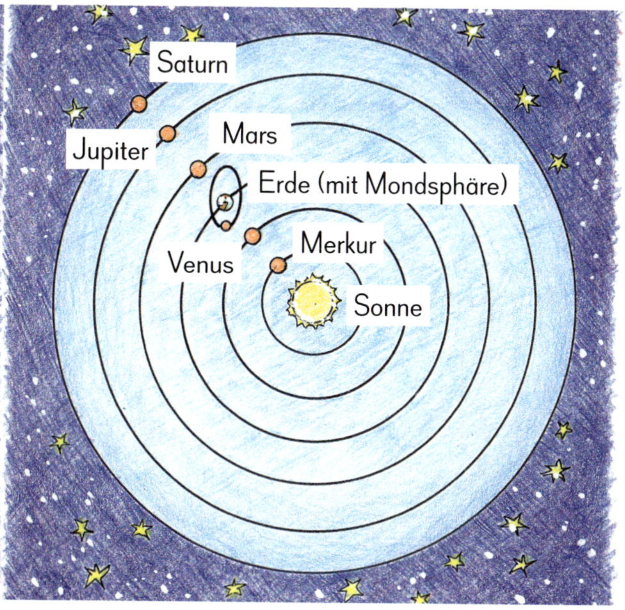

3 Ordne die Sätze in die Tabelle ein.

- In der Mitte ist die Sonne.
- In der Mitte ist die Erde.
- Die Erde und die anderen Planeten drehen sich um die Sonne.
- Die Sonne und die Planeten drehen sich um die Erde.
- Die Erde bewegt sich nicht.
- Die Erde bewegt sich.

Kolumbus entdeckt Amerika

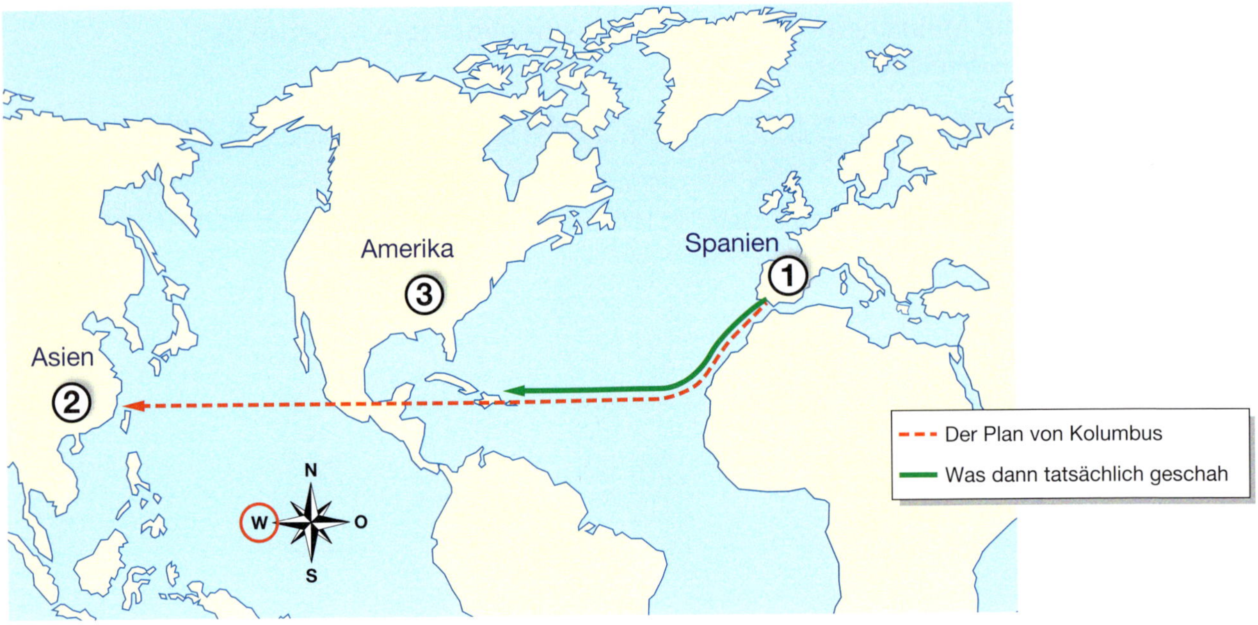

Der Plan von Kolumbus

„Mein Name ist Christoph Kolumbus. Ich habe einen Plan. Ich fahre mit dem Schiff von Spanien ① nach Asien. Das hat vor mir noch kein Mensch gewagt. Ich fahre immer weiter nach Westen. Ich fahre so lange, bis ich in Asien ② ankomme."

Was dann tatsächlich geschah

Kolumbus war mit seinen Männern schon über 10 Wochen unterwegs. Da rief plötzlich ein Matrose: „Land in Sicht! Land in Sicht!" Sie hatten „aus Versehen" einen neuen Kontinent entdeckt: Amerika ③! Aber sie wussten es nicht! Kolumbus glaubte, dass er in Asien ② gelandet ist. Asien nannte man damals Indien. Deshalb nannte Kolumbus die Ureinwohner von Amerika „Indianer".

1 Erzählt mit eigenen Worten:
- Was plante Kolumbus?
- Was geschah tatsächlich?

Die Männer von Kolumbus und die Indianer begegnen sich

→ fast nackt

Rüstungen

Waffen, Helme

Geschenke

Sie bringen Geschenke aus Gold.

Sie stehen mit Waffen an Land.

2 Beschreibt das Bild.

3 Vergleicht die Männer von Kolumbus und die Indianer.
Tragt die passenden Wörter in die Tabelle ein.

	Die Männer von Kolumbus	Die Indianer
Kleidung		
Gegenstände		
Was machen sie?		
Was fällt dir sonst noch auf?		

Methode — Quellentexte verstehen

Menschen haben schon vor langer Zeit aufgeschrieben, was sie erlebt haben. Solche Texte nennen wir Quellentexte.

1 Lies den Text.
Wende die Schritte **6** und **7** vom Textknacker an.

→ Textknacker Umschlagklappe

Das Tagebuch von Kolumbus

Christoph Kolumbus hat auf seiner Reise ein Tagebuch geführt. Darin hat er jeden Tag aufgeschrieben, was auf der Reise passiert ist. Das Tagebuch schrieb er für die Königin und den König von Spanien. Sie hatten das Geld für die Schiffe gegeben. Sie wollten neue Länder gewinnen und beherrschen. Die Menschen dort sollten zum Christentum bekehrt werden.

Kolumbus und seine Männer stießen auf eine Insel vor Amerika.

Kolumbus schrieb am 12. Oktober 1492:

„Wir begaben uns an Land. In unseren Booten hatten wir Waffen. Und wir hatten Glasperlen und kleine Glocken als Geschenke dabei.

Sofort kamen viele Indianer zu uns. Sie brachten Papageien und Baumwolle. Sie hatten keine Waffen bei sich. Sie kannten kein Eisen. Als ich ihnen ein Schwert zeigte, schnitten sie sich daran.

Die Indianer sind bestimmt kluge Diener. Ich glaube, dass sie zum Christentum übertreten."

2 Beantworte die Fragen zum Text.

Wer hat den Text geschrieben? ______

Was für ein Text ist es? ______

Für wen hat er den Text geschrieben? ______

______

Wo hat er den Text geschrieben? ______

Wann hat er den Text geschrieben? ______

Was erfahren wir?

Die Männer von Kolumbus ______

______

______

Die Indianer ______

______

______

______

3 Welche Informationen sind für die Königin und den König von Spanien besonders wichtig?

Die Indianer sind ______

______

______

______

Warum sind diese Informationen wichtig?
Begründe.

Amerika, bevor Kolumbus kam

Kolumbus entdeckte im Jahr 1492 Amerika.
Zu dieser Zeit lebten dort verschiedene Völker.

1 Beschreibt, was ihr auf dem Bild seht.

Die Azteken

In der Hauptstadt der Azteken lebten etwa 250 000 Menschen. Die Hauptstadt war größer als die meisten Städte in Europa. Jeden Tag kauften und verkauften viele Leute Waren auf einem Markt: Gegenstände aus Gold und Silber, Edelsteine, Holz, Felle, Mais, Bohnen, Kakao und vieles mehr. Händler brachten von ihren Reisen Gegenstände von weit her.

Die Azteken beherschten ein großes Reich. Sie haben viele Völker in Kriegen unterworfen. Die besiegten Völker mussten Abgaben an die Azteken zahlen. Diese Abgaben nennt man Tribut. Die Azteken opferten ihre Kriegsgefangenen den Göttern und töteten sie grausam. Aus diesen Gründen waren die Azteken sehr gefürchtet, oft auch gehasst.

Amerika, bevor Kolumbus kam

2 Schreibe Gegenstände auf, die man auf dem Markt kaufen konnte.

3 Löse das Kreuzworträtsel.

- Hier werden Waren gekauft und verkauft
- Man braucht es zum Bauen und für das Feuer
- Ein anderes Wort für Abgaben
- Dinge, die auf dem Markt verkauft werden
- Du trinkst es manchmal
- Ein Metall
- Sie bringen Waren von weit her.

Das Lösungswort heißt: __ __ __ __ __ __ __

4 Die Azteken waren bei vielen anderen Völkern verhasst.
Nenne die Gründe.

**Es gab noch viele andere Völker in Amerika.
Habt ihr schon einmal etwas von den Maya oder den Inka gehört?**

5 Informiert euch im Lexikon oder im Internet über Maya und Inka.

a) Sammelt und notiert euch die Informationen.
b) Berichtet darüber in der Klasse.

Die Eroberer kommen

1 Beschreibt die Menschen auf dem Bild.

2 Lest den Text.

→ Textknacker Umschlagklappe

Die Spanier erobern das Aztekenreich

Aus Spanien kamen Soldaten nach Amerika. Sie suchten Gold. Sie eroberten das Reich der Azteken. Die Spanier hatten Pferde, Schwerter aus Eisen und Schusswaffen. Sie waren aber viel weniger als die Azteken. Doch die Azteken unterdrückten andere Indianer seit vielen Jahren. Diese Indianer halfen jetzt den Spaniern. So konnten die Spanier die Azteken besiegen.

Nun mussten alle Indianer für die Spanier arbeiten. Viele starben bei der harten Arbeit. Wenn sie nicht genug arbeiteten, töteten die Spanier die Indianer. Noch mehr Indianer starben an ansteckenden Krankheiten. Die Krankheiten kamen mit den Spaniern von Europa nach Amerika.

Vor der Entdeckung Amerikas lebten dort etwa 75 Millionen Indianer.
Um 1570 waren es nur noch 8 bis 10 Millionen.

3 Ordne den Bildern die passenden Sätze zu.

- Die meisten Indianer starben an Krankheiten.
- Bei schwerer Arbeit starben viele Indianer.
- Die Spanier töteten viele Indianer im Kampf.

Pflanzen aus der „Neuen Welt"

Nach der Entdeckung Amerikas lernten die Europäer viele neue Pflanzen und deren Früchte kennen. Diese Pflanzen gab es damals in Europa noch nicht.

1 Beschrifte die Bilder mit den passenden Wörtern.

→ Tomate
Kürbis
Mais
Paprika
Ananas
Chili
Bohnen
Vanille
Kartoffel

1 Ergänze die Sätze mit passenden Wörtern.

Die Zeit der Entdeckungen

Im Mittelalter glaubten die Menschen,

dass die Sonne sich um die ______________ dreht.

Kopernikus beobachtete das Gegenteil:

Die Erde dreht sich um die ______________.

1492 entdeckte Kolumbus einen neuen Kontinent: ________________.

Dort lebten damals die ________________.

Nach Kolumbus kamen viele Menschen aus Europa nach Amerika.

Es waren die ________________.

Sie suchten vor allem nach ______________.

Sie töteten viele ________________.

Die meisten Indianer starben aber an ________________ aus Europa.

→ Erde
Sonne
Amerika
Azteken
Eroberer
Gold
Indianer
Krankheiten

2 Verbinde die Sätze mit den passenden Bildern.

Die Erde dreht sich um die Sonne.

Kolumbus entdeckt Amerika.

Die Eroberer kommen.

Diese Frucht kommt aus Amerika.

Reformation und Dreißigjähriger Krieg

Martin Luther

Johannes Gutenberg

Die Bibel aus dem Jahr 1541

Luther und Gutenberg lebten nicht zu der gleichen Zeit.
Dennoch haben sie etwas gemeinsam.
Beide Personen hatten etwas mit der Bibel zu tun.

1 Was wisst ihr schon über die Bibel?

**Der Dreißigjährige Krieg war ein europäischer Glaubenskrieg.
Es ging dabei um Religion und Macht.**

Auch die Stellungnahme von einigen Königen zum Krieg könnt ihr kennen lernen und in einem Rollenspiel nachspielen.

2 Seht euch die Zeitleiste an.

Wann lebte Martin Luther?

von ______________ bis ______________

Wann war der Dreißigjährige Krieg?

von ______________ bis ______________

Eine Religion – zwei Konfessionen

Fabian und Jasmin gehen in die 7. Klasse. Sie erzählen:

„Bald fängt mein Konfirmationsunterricht an. Mein Bruder Michael ist 15. Er wurde vor einem Jahr konfirmiert.“

„Warum denn so spät? Ich war schon vor drei Jahren beim Kommunionunterricht und in zwei Monaten habe ich Firmung.“

1 Klärt in der Klasse, worüber Fabian und Jasmin sprechen.

Eine Religion – zwei Konfessionen

Die meisten Schülerinnen und Schüler in eurer Klasse gehören einer Religion an. Evangelische Schüler und katholische Schüler sind Christen. Katholische und evangelische Christen glauben an denselben Gott. Sie haben dieselbe Religion. Aber sie gehören zu verschiedenen Konfessionen.

Katholische Kinder gehen mit ungefähr 9 Jahren zum Kommunionunterricht. Mit etwa 14 Jahren gehen sie zur Firmung. Katholiken haben einen Papst und sie verehren Heilige. Manche Katholiken beten zu Gott und zu diesen Heiligen. Katholiken gehen zur Kommunion.

Evangelische Jugendliche haben mit etwa 14 Jahren Konfirmation. Die evangelischen Christen haben keinen Papst. Sie verehren auch keine Heiligen, sondern nur Gott. Evangelische Christen gehen zum Abendmahl.

Eine Religion – zwei Konfessionen

2 Wir haben zwei christliche Konfessionen kennen gelernt.

Es gibt ____________________ und ____________________ Christen.

3 Findet heraus:

Wie viele Schülerinnen und Schüler in eurer Klasse sind

katholisch: ☐

evangelisch: ☐

Muslime: ☐

Wie viele Schülerinnen und Schüler in eurer Klasse gehören zu

einer anderen Religion: ____________________

keiner Religion: ____________________

4 Ordne die Wörter aus der Randspalte in die Tabelle ein.
Der Text auf der linken Seite hilft dir dabei.

katholisch	evangelisch

→ Kommunion und Firmung
Heilige
Kommunion
Papst
Konfirmation
keine Heiligen, sondern nur Gott
Abendmahl
kein Papst

Die Reformation

Hier erfahrt ihr, warum es katholische und evangelische Christen gibt.

1 Wende die Schritte 2, 3 und 4 vom Textknacker an.

→ Textknacker Umschlagklappe

Was ist die Reformation?

Vor etwa 500 Jahren ließ der Papst in Rom eine neue große Kirche bauen: den Petersdom. Dazu brauchte er viel Geld. Deshalb sollten die Menschen „Ablassbriefe" kaufen. Wer so einen Brief kaufte, dem wurden angeblich seine Sünden vergeben.

Martin Luther war gegen den Ablasshandel. Er sagte, dass nur Gott den Menschen vergeben kann. Er hatte in vielen Glaubensfragen eine andere Meinung. Luther schrieb seine Ideen auf. Diese Ideen (= Thesen) schlug er an die Kirchentür in Wittenberg. Das war am 31. Oktober 1517. Damit löste er die Reformation aus. Seither feiern evangelische Christen am 31. Oktober den Reformationstag.

→ Lexikon: S. 110–120 Martin Luther

„Nur durch Gott, die Bibel und den Glauben gewinnt der Mensch das ewige Leben."

Die Bibel war zu dieser Zeit in lateinischer Sprache geschrieben. Deshalb übersetzte Martin Luther die Bibel in die deutsche Sprache.

2 Was habt ihr über die Reformation erfahren? Erzählt.

3 Schreibe die Sätze zu den passenden Nummern.

- Der Papst unterschreibt die Ablassbriefe.
- Bischöfe und Priester verkaufen die Ablassbriefe.
- Die Menschen bezahlen viel Geld für die Ablassbriefe.

①

②

③

4 Ordne in die Tabelle ein:

- „Die Menschen sollen nur zu Gott beten."
- „Der Papst ist ein Mensch. Er kann sich irren."
- „Der Mensch gewinnt nur durch den Glauben das ewige Leben."

Die katholische Kirche sagt:	Martin Luther sagt dazu:
„Was der Papst sagt, stimmt immer."	
„Die Menschen können auch zu den Heiligen beten."	
„Der Mensch gewinnt das ewige Leben, wenn er gute Dinge tut, fastet, spendet und Wallfahrten macht."	

Die Erfindung des neuen Buchdruckes

1 Lest den Text.

Das ist Johannes Gutenberg aus der Stadt Mainz. Um 1445 machte Gutenberg eine wichtige Erfindung: Den neuen Buchdruck! Bis jetzt mussten die Menschen Bücher mühsam mit der Hand abschreiben. Das dauerte sehr lange.

Johannes Gutenberg hatte eine Idee. Er goss viele einzelne Buchstaben aus Blei. Dann setzte er für jede Seite die Buchstaben aus Blei zusammen. Er setzte die Buchstaben auf Platten. Von diesen Platten konnte man mehrere Abzüge machen.

Nun konnte man Bücher drucken.
Das ging schneller und die Bücher wurden preiswerter.
Mehr Menschen als früher konnten wichtige Bücher lesen.
Viele Menschen lasen nun auch die Bibel von Martin Luther.

①

②

Die „Luther-Bibel" aus dem Jahr 1541

2 Seht euch die Bilder genau an.

a) Was könnt ihr auf Bild 1 erkennen?
b) Versucht, die Schrift auf Bild 2 zu lesen.

Die Erfindung des neuen Buchdruckes

Hier seht ihr die einzelnen Schritte des neuen Buchdruckes.

①

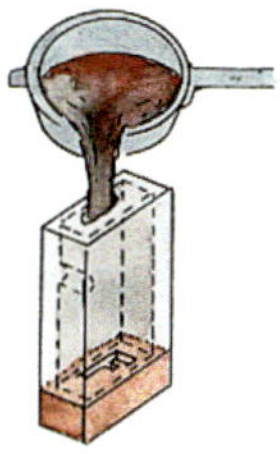

②

③

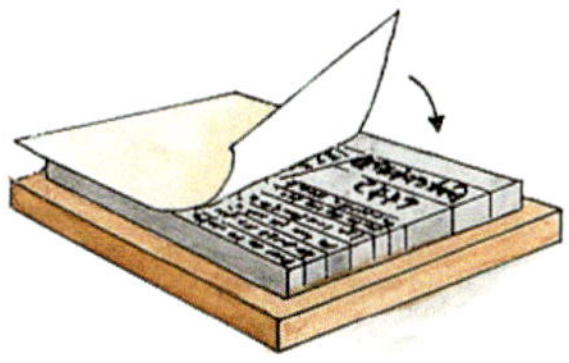

④

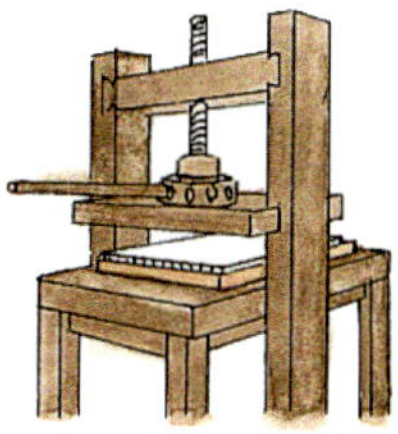

⑤

⑥

⑦

⑧

3 Die Arbeitsschritte stehen in der falschen Reihenfolge.
Ordne die Arbeitsschritte den Bildern zu.

- Das Buch ist fertig.
- Buchstaben in Kupfer schlagen
- Blei in Form gießen
- gedruckte Seiten aufeinander legen
- Buchstaben einfärben
- Papier auf Buchstaben pressen
- bedrucktes Papier von Buchstaben nehmen
- Papier auf eingefärbte Buchstaben legen

Der Dreißigjährige Krieg

Der evangelische Glaube verbreitete sich schnell.
Seine Anhänger nennt man Protestanten.
Katholiken und Protestanten standen sich oft als Feinde gegenüber.
Im Jahr 1618 begann deswegen ein grausamer Krieg.
Aber die Menschen kämpften nicht nur wegen der Religion.

1 Lest den Text mit verteilten Rollen.

①

Ich bin Kaiser Ferdinand. Ich regiere Deutschland und bin Katholik. Meine Untertanen sollen auch katholisch sein. Der neue König von Böhmen ist Protestant. Ich kämpfe gegen den König von Böhmen.

②

Ich bin König Friedrich. Ich regiere Böhmen. Ich bin Protestant. Ich kämpfe gegen Kaiser Ferdinand von Deutschland. Er ist Katholik. Ich will mir nicht mehr alles von ihm vorschreiben lassen.

③

Ich bin König Gustav Adolf von Schweden. Wir Schweden sind Protestanten. Wir helfen den Protestanten und wir kämpfen gegen Kaiser Ferdinand von Deutschland. Außerdem wird mir dieser Kaiser Ferdinand zu mächtig. Wir Schweden wollen ein Stück Land in Deutschland.

④

Ich bin Kardinal Richelieu. Wir in Frankreich sind Katholiken. Trotzdem: Wir kämpfen gegen Kaiser Ferdinand von Deutschland. Er ist uns zu mächtig. Wir wollen Land in Deutschland dazugewinnen. Die Schweden sind zwar Protestanten, aber das ist uns egal. Wir kämpfen zusammen mit den Schweden gegen Kaiser Ferdinand.

In einem Rollenspiel könnt ihr die Situation nachspielen.

Ein Rollenspiel planen und durchführen:

- Entscheidet, wer welche Person spielt.
- Überlegt gemeinsam:
  - Was denkt die Person?
  - Was tut die Person?
  - Was sagt die Person?
- Macht euch zu jeder Person Notizen.
- Besprecht gemeinsam, wie ihr spielen wollt.
- Führt dann das Rollenspiel vor.

2 Macht ein Rollenspiel.
Schreibt Notizen zu jeder Person.

Name: ______________________

Land: ______________________

Konfession: ______________________

kämpft gegen: ______________________

Name: ______________________

Land: ______________________

Konfession: ______________________

kämpft gegen: ______________________

Name: ______________________

Land: ______________________

Konfession: ______________________

kämpft gegen: ______________________

Name: ______________________

Land: ______________________

Konfession: ______________________

kämpft gegen: ______________________

Der Dreißigjährige Krieg

Der Dreißigjährige Krieg war ein grausamer Krieg.
Dabei starben sehr viele Menschen.
Besonders Menschen, die selbst gar nicht kämpften, waren oft die Opfer.

1 Seht euch das Bild genau an und beschreibt, was die Menschen tun.

2 Schreibt die Sätze zu Ende.

Der Mann mit dem schwarzen Helm ______________________

____

Die beiden Frauen ______________________

____

Der Junge mit dem schwarzen Hut ______________________

____

Auf dem Bild sehe ich noch ______________________

____

Aus einer anderen Sicht erzählen

Den Überfall auf den Bauernhof haben der Söldner Michael und das Kind Martin unterschiedlich erlebt.

„Ich heiße Michael und bin 26 Jahre alt. Ich bin ein Söldner und kämpfe für Geld. Gestern haben wir einen Bauernhof überfallen. Der Bauer wollte nicht erzählen, wo das Geld versteckt war. Da haben wir ihn totgeschlagen! Seine Frau hat richtig Angst bekommen und alles verraten. Aber viel war das nicht. Morgen kämpfen wir wieder. Hoffentlich werde ich nicht verletzt oder getötet!"

„Ich heiße Martin und bin 6 Jahre alt. Gestern sind Männer mit Waffen ins Haus gekommen. Die Männer haben meinen Vater getötet! Überall war Blut. Ich hatte solche Angst. Ich habe meine Mutter und meine Geschwister nicht mehr gesehen. Ich habe Hunger! Wo sind die nur alle? Hoffentlich leben sie noch!"

3 Schreibe die passenden Sätze von Martin in die Tabelle:

 So erzählt der Söldner Michael:	 So erzählt das Kind Martin:
Ich heiße Michael und bin 26 Jahre alt.	
Gestern haben wir einen Bauernhof überfallen.	
Da haben wir ihn totgeschlagen!	
Hoffentlich werde ich nicht verletzt oder getötet!	

Das kann ich!

1 Was gehört zusammen?
Verbinde die passenden Satzteile.

Lexikon: S. 110–120

Wer einen Ablassbrief kaufte, dem …	… gehen zum Konfirmationsunterricht.
Evangelische Schülerinnen und Schüler …	… lateinischen Sprache in die deutsche Sprache.
Martin Luther wollte …	… wurden angeblich seine Sünden vergeben.
Das Wort „Reformation" bedeutet …	… gehen zum Kommunionsunterricht.
Katholische Schüler und evangelische Schüler …	… in Rom den Petersdom bauen.
Katholische Schülerinnen und Schüler …	… einige Dinge in der Kirche verändern.
Martin Luther übersetzte die Bibel aus der …	… Erneuerung.
Vor etwa 500 Jahren ließ der Papst …	… haben dieselbe Religion.

2 Der Dreißigjährige Krieg begann 1618.

Rechne aus, wann er endete:

1618 + ____________ = ____________

3 Richtig oder falsch?

	richtig	falsch
Der Dreißigjährige Krieg dauerte von 1900 bis 1930.	☐	☐
Katholiken kämpften gegen Protestanten.	☐	☐
Es ging nicht nur um Religion, sondern auch um Macht und Land.	☐	☐
Katholiken kämpften auch gegen Katholiken.	☐	☐
Es starben sehr viele Menschen.	☐	☐
Der Dreißigjährige Krieg dauerte von 1618 bis 1648.	☐	☐

4 Ordne die Sätze den Bildern zu.

- Johannes Gutenberg erfand den neuen Buchdruck.
- Martin Luther übersetzte die Bibel aus der lateinischen in die deutsche Sprache.
- Der König von Schweden kämpfte gegen den Kaiser von Deutschland.

Die Entstehung der Vereinigten Staaten von Amerika

Vor über 500 Jahren entdeckte Kolumbus Amerika.
Kurze Zeit später kamen Menschen aus Europa mit Schiffen über den Atlantischen Ozean.
Sie wollten Amerika besiedeln.
Sie bauten Häuser und arbeiteten auf ihren Farmen.

Sehr viele Menschen aus England kamen nach Nordamerika. Sie waren Untertanen des Königs von England. Doch nach einer Zeit wollten sie keine Untertanen des Königs mehr sein.
Sie wollten frei und unabhängig sein.
Deshalb kämpften sie in einem Krieg gegen England.
Sie gewannen den Krieg und gründeten dann die Vereinigten Staaten von Amerika, die USA*.

Die Freiheitsstatue im Hafen von New York ist heute noch ein Symbol der Freiheit.

*USA: United States of America

Die ersten Siedler in Nordamerika

Die Menschen in Nordamerika kämpften für ihre Freiheit

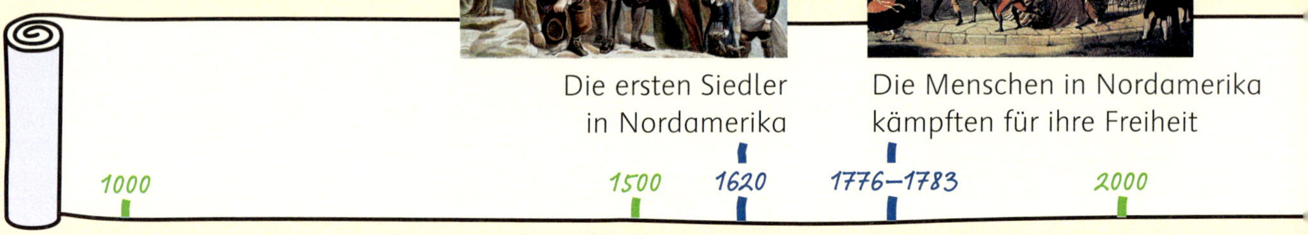

Auf dieser Seite siehst du, was dich in diesem Kapitel erwartet.

1 Sieh dir die Bilder an.
Schreibe die passenden Sätze unter die Bilder.

Eine Flagge verändert sich. / Menschen in Nordamerika kämpfen für ihre Freiheit. / Sklaven aus Afrika hatten nicht die gleichen Rechte wie weiße Amerikaner. / Menschen aus Europa kommen mit Schiffen nach Amerika, um dort zu leben.

Menschen aus Europa kommen nach Amerika

→ die Menschen aus Europa
die Ankunft
die Hoffnung
die Angst

1 Die Menschen auf dem Bild sind gerade in Amerika gelandet. Versetzt euch in die Lage der Personen und überlegt:

- Was könnten diese Menschen denken?
- Welche Hoffnungen könnten sie haben?
- Wovor haben sie vielleicht Angst?

Menschen aus Europa besiedeln Nordamerika

1620 kamen die Pilgrims* mit dem Schiff Mayflower aus England nach Nordamerika. Die Pilgrims waren eine Glaubensgemeinschaft. Sie wurden in ihrer Heimat England verfolgt. Deshalb wanderten sie nach Nordamerika aus.

Auch andere Menschen wollten in Nordamerika leben. Sie nannten Amerika die „Neue Welt" und gründeten Kolonien. Sie waren Händler und verkauften aus den Kolonien Eisen, Bauholz, Tabak, Baumwolle und Pelze nach Europa. Die Engländer verkauften Tee, Stoffe, Werkzeuge und Waffen nach Amerika.

Die Ureinwohner in Amerika waren die Indianer. Sie wurden von den neuen Siedlern zurückgedrängt. Sie mussten in immer kleineren Gebieten leben. Diese Gebiete nennt man Reservate.

* Das englische Wort „pilgrim" bedeutet „Pilger". Die ersten Pilger, die aus England nach Nordamerika kamen, wurden als „Pilgerväter" bezeichnet.

→ Lexikon S. 110–120
Indianer
Reservate

Menschen aus Europa kommen nach Amerika

2 Wer waren die Pilgrims?
Warum kamen sie nach Nordamerika?
Markiere die Antwort im Text.

3 Welche Waren kamen aus Nordamerika nach England?
Welche Waren kamen aus England nach Nordamerika?
Finde die Wörter in dem Text und trage sie in die weißen Pfeile ein.

4 Ergänze die Sätze mit passenden Wörtern.

Bevor Menschen aus ________________ kamen, gehörte

die ________________ Fläche von Nordamerika den Indianern.

Heute leben die Indianer nur noch in sehr ________________

Gebieten. Diese Gebiete nennen wir ________________.

→ größte
Reservate
Europa
kleinen

5 Informiert euch über die Indianer in Nordamerika.
a) Sammelt Informationen aus Sachbüchern oder aus dem Internet.
b) Berichtet darüber in der Klasse.

Die Menschen in den Kolonien wollen frei sein

➔ der Hafen von Boston
die Schiffe
die Kisten mit Tee
Menschen als Indianer verkleidet
werfen
jubeln

1 Beschreibt das Bild. Was machen die Menschen?

Die Bostoner „Tea Party"

Immer mehr Menschen aus Europa kamen nach Nordamerika. Sie lebten dort in den Kolonien. Die Kolonien gehörten zu England. Die Menschen in den Kolonien mussten eine Teesteuer bezahlen. Das heißt, wenn sie Tee kauften, mussten sie mehr bezahlen als der Tee eigentlich kostete. Die Teesteuer bekam die englische Regierung.

Die Menschen in den Kolonien zahlten Steuern an England. Bei politischen Entscheidungen in England durften sie aber nicht mitbestimmen. Das gefiel den Menschen nicht. Darum protestierten sie: **„No taxation without representation."** Das bedeutet: "Keine Steuern ohne Mitbestimmung". Doch die englische Regierung ließ nicht nach.

So kam es zu einem Aufstand. Einige Menschen in der amerikanischen Stadt Boston verkleideten sich als Indianer und gingen auf englische Schiffe. Auf den Schiffen waren Kisten mit Tee. Sie warfen die Kisten ins Wasser.

Die Menschen in den Kolonien wollen frei sein

2 Wer könnte das gesagt haben?

a) Sieh dir die Bilder an

b) Lies die Texte in den Sprechblasen.

c) Verbinde die Bilder mit den passenden Sprechblasen.

Ein Mensch, der in den Kolonien in Nordamerika lebte.

„So etwas lasse ich mir nicht bieten. Was glauben diese Menschen in den Kolonien, wer sie sind? Sie sind immer noch meine Untertanen."

Ein Mann, der als Indianer verkleidet Kisten mit Tee ins Wasser warf.

„Richtig so! Bravo! Bravo! Darauf habe ich lange gewartet. Die sind mutig! Endlich macht mal einer etwas gegen diese verdammte Teesteuer."

Ein Mensch aus den Kolonien, der bei der Bostoner „Tea Party" zusah.

„Das ist nicht gerecht. Wir sollen Steuern für Tee bezahlen. Aber wir dürfen nicht mitbestimmen. Irgendjemand müsste mal etwas dagegen unternehmen."

Der König von England

„Wir machen da nicht mehr mit. Wenn wir nicht mitbestimmen dürfen, zahlen wir auch keine Steuern. Wir zeigen es dem König. Der hat uns gar nichts zu sagen. Los! Ins Wasser mit dem Zeug."

3 Übersetze den englischen Satz in die deutsche Sprache:

„No taxation without representation"

= ______________________________

Die Menschen in den Kolonien wollen frei sein

1776 stürzten die Menschen in New York das Denkmal des englischen Königs Georg III. vom Sockel.

1 Warum stürzten die Menschen in New York das Denkmal des englischen Königs?

→ Textknacker
1 Bild
4 Schlüsselwörter

Die amerikanische Unabhängigkeitserklärung

Nach der Bostoner „Tea Party“ gab es strengere Gesetze. Der englische König wollte jeden bestrafen, der sich gegen ihn auflehnte. Aber das wollten die Menschen in den Kolonien sich nicht gefallen lassen.

Sie kämpften mit Waffen gegen die Soldaten des englischen Königs. Von nun an wollten sie sich nichts mehr vom englischen König vorschreiben lassen. Am 4. Juli 1776 erklärten sich die Menschen in den Kolonien für unabhängig von England. Dieses Datum ist der Gründungstag der USA.

Kurz nach dieser Erklärung stürzten sie in New York das Denkmal des englischen Königs vom Sockel. Das Denkmal bestand aus Metall. Das Eisen schmolzen sie ein und gossen Kanonenkugeln daraus.

2 Warum kämpften die Menschen in den Kolonien?

- Gegen wen kämpften sie?
- Was haben sie erreicht?

Die Menschen in den Kolonien wollen frei sein

In der amerikanischen Unabhängigkeitserklärung aus dem Jahr 1776 stand, was für die Menschen in den USA gelten sollte.

3 Lies die Textabschnitte.

Unabhängigkeitserklärung

„Im Namen des Volkes erklären wir feierlich: Die Vereinigten Kolonien sind frei und unabhängig von England. Die Menschen in den Kolonien sind keine Untertanen des englischen Königs."

„Alle Menschen haben die gleichen Rechte! Sie haben das Recht auf Leben. Sie haben das Recht auf Freiheit. Sie haben das Recht, ihr Glück zu suchen."

„Eine gute Regierung soll sich für diese Rechte einsetzen. Das Volk bestimmt seine Regierung selbst. Es wählt die Regierung."

4 Schreibe die passenden Überschriften über die Textabschnitte.

- Menschen haben Rechte
- Die Kolonien sind frei und unabhängig von England
- Das Volk wählt die Regierung

Der amerikanische Unabhängigkeitskrieg

1 Beschreibt das Bild.

Die Menschen kämpfen für ihre Freiheit

Der König von England erfuhr, dass die Menschen in den Kolonien ihre Unabhängigkeit erklärt hatten. Damit war er nicht einverstanden. Er schickte 280 Kriegsschiffe mit 32 000 Soldaten nach Amerika. Es kam zu einem Krieg.

In den unabhängigen Kolonien gab es zu wenig Soldaten. Aber Frankreich, Spanien und die Niederlande kämpften an der Seite der Kolonien zusammen gegen England. Schließlich gab England auf. Im Jahr 1783 erkannte England die Unabhängigkeit der Vereinigten Staaten von Amerika an.

Auch Frauen kämpften mit

Eine Heldin des amerikanischen Unabhängigkeitskrieges wurde Molly Pitcher (Bild oben). Sie brachte den kämpfenden Soldaten Wasser. Als ihr Mann während einer Schlacht starb, nahm sie seinen Platz an einer Kanone ein.

2 Was habt ihr über den Unabhängigkeitskrieg erfahren?

Der amerikanische Unabhängigkeitskrieg

3 Welche Länder halfen den Kolonien im Kampf gegen England?

____

Die Flagge der USA hat sich mit der Zeit verändert.

4 Sieh dir die Bilder genau an. Lies die Sätze zu den Bildern.
Ergänze die Sätze mit passenden Wörtern und Zahlen.

→ Großbritannien,
unabhängig,
13
13 Sterne,
50 Sterne

Vor dem Krieg zwischen den Kolonien und England sah die Flagge der Kolonien so aus: Die 13 Streifen standen für die ________ Kolonien. Oben links war die Flagge von ______________________ zu sehen. Denn die Kolonien waren noch nicht frei.

Dann kam der Unabhängigkeitskrieg zwischen den Kolonien und Großbritannien. Die Kolonien gewannen den Krieg und wurden ________________. Anstelle der Flagge von Großbritannien waren nun ____________ auf einem blauen Hintergrund zu sehen. Sie standen für die 13 unabhängigen Kolonien.

Heute hat die Flagge der USA immer noch die 13 Streifen. In dem blauen Feld oben links sind ____________.
Denn heute gehören zu den USA 50 Staaten.

Ein Denkmal untersuchen

Auf einer Insel im Hafen von New York steht die amerikanische Freiheitsstatue. Die Franzosen haben den USA die Freiheitsstatue geschenkt. Die Freiheitsstatue erinnert an den Unabhängigkeitskrieg gegen England.

➔ die Höhe der Freiheitsstatue (ca. 50 Meter)

die Fackel

die Freiheitskrone

die Tafel

der Fuß mit zerbrochenen Ketten

1 Beschreibt die Freiheitsstatue.
Welche Gegenstände könnt ihr erkennen?

Wenn wir ein Denkmal besser verstehen wollen, müssen wir die Einzelheiten genauer ansehen.

2 Finde die passenden Begriffe zu den Nummern.
a) Sieh dazu die Nummern im Bild auf Seite 60 noch einmal an.
b) Schreibe die Begriffe zu den Nummern auf.

3 a) Lies die Sätze.
b) Ergänze die Sätze mit passenden Wörtern und Zahlen.

→ 50 Meter
Dunkelheit
Kontinente
4. Juli 1776
sehen
Abhängigkeit

→ ① ______________________
Die Freiheitsstatue ist ____________ hoch. Wenn man in den Hafen von New York einfährt, kann man sie schon von weitem ____________.

→ ② ____________
In der rechten Hand hält sie eine Fackel. Das bedeutet: Die Freiheit vertreibt die ____________ in der Welt.

→ ③ ____________
Auf dem Kopf trägt sie eine Krone mit sieben Strahlen. Sie stehen für die sieben ____________.

→ ④ ____________
In der linken Hand hält sie eine Tafel. Auf der Tafel steht das Datum der Unabhängigkeitserklärung: ____________

→ ⑤ ______________________
Mit einem Fuß steht sie auf zerbrochenen Ketten. Die Ketten sind ein Symbol für Abhängigkeit, Unfreiheit. Das heißt, die USA haben sich aus der kolonialen ____________ befreit.

Gleiche Rechte für alle?

1 Betrachtet das Bild.
Erzählt, was ihr über Sklaven in den USA wisst.

→ weiße Amerikaner
Sklaven aus Afrika

Menschenhandel
Sklaven kaufen und verkaufen

Sklaven in den USA

Viele Menschen in den amerikanischen Kolonien waren Farmer. Sie bauten vor allem Baumwolle an. Dafür brauchten sie Arbeitskräfte. In Afrika wurden Menschen gefangen und in den USA als Sklaven verkauft. Die Sklaven arbeiteten auf den Baumwollfeldern.

Die Sklaven waren nicht frei. Sie gehörten ihrem Besitzer. Er konnte sie verkaufen, wenn er wollte. Ehemann und Ehefrau wurden oft einfach getrennt. Auch Eltern und Kinder wurden manchmal an verschiedene Farmer verkauft.

Das Leben der Sklaven war schwer. Sie mussten sehr viel und hart auf den Baumwollfeldern arbeiten. Erst im Jahr 1865 wurde die Sklaverei in den USA ganz abgeschafft.

Gleiche Rechte für alle?

2 Was könnten die Menschen gesagt haben?

a) Suche die Personen auf dem Bild auf Seite 62.
b) Lies die Sätze auf der Seite 63 unten.
c) Schreibe die Sätze in die richtigen Sprechblasen.

„So ein Sklave kostet viel Geld.
Wenn ich einen kaufe, dann muss er gesund und stark sein."

„Ich glaube, heute mache ich ein gutes Geschäft."

„Wir haben unsere Freiheit verloren.
Hoffentlich reißen sie jetzt die Familie nicht auseinander."

3 Gleiche Rechte für alle?

In diesem Jahr erklärten die Kolonien sich für unabhängig: 1776

In diesem Jahr wurde die Sklaverei in den USA abgeschafft: ______

Rechne aus, wie viele Jahre es dauerte,

bis die Sklaverei in den USA abgeschafft wurde: ______

− 1776

= ______

Das kann ich!

1 Ordne die Sätze zu den Bildern. Schreibe sie neben die Bilder.

- Die Freiheitsstatue im Hafen von New York ist ein Symbol der Freiheit und der Unabhängigkeit.
- Menschen aus Europa wanderten aus nach Nordamerika. Sie gründeten dort Kolonien.
- Die Menschen in New York stürzten das Denkmal des englischen Königs vom Sockel.
- Die Menschen in den Kolonien wollten keine Steuern mehr zahlen. Sie warfen die Kisten mit Tee ins Wasser im Hafen von Boston.

2 Was bedeutet „No taxation without representation"?

- ☐ Kein Taxi für Repräsentanten
- ☐ Keine Steuern ohne Mitbestimmung
- ☐ Kein Taxi ohne Reservierung

3 Schreibe die richtigen Sätze unter die Flaggen.

– Das ist heute die Flagge der USA.
– Zu dieser Zeit gehörten die Kolonien noch zu Großbritannien.
– Die 13 Kolonien sind nun unabhängig.

4 Richtig oder falsch? Kreuze an.

	richtig	falsch
1. Viele Menschen wanderten von Amerika nach Europa aus.	☐	☐
2. Viele Menschen wanderten von Europa nach Amerika aus.	☐	☐
3. Vor dem Unabhängigkeitskrieg gehörten die Kolonien zu Großbritannien.	☐	☐
4. Die Freiheitsstatue im Hafen von New York ist ein Geschenk der Franzosen.	☐	☐
5. Die Sklaven konnten nicht verkauft werden.	☐	☐

Die Französische Revolution

1 Beschreibt das Bild.

„Endlich wehren sich die Leute! Das wird aber auch höchste Zeit!“

Pascal

„Wieso? Was heißt das? Gegen was wehren sich die Menschen denn?“

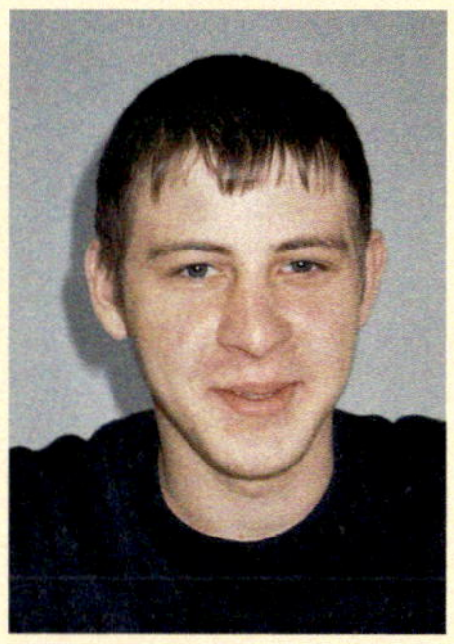

Matthias

Pascal lebte vor ungefähr 220 Jahren in Frankreich.
Zu dieser Zeit wurde auch das große Bild auf der Seite 66 gemalt.
Matthias lebt heute in Deutschland.
Stellt euch vor, die beiden könnten sich unterhalten.

2 Lest das Gespräch mit verteilten Rollen vor.

→ Lexikon S. 110–120

Grundherr
Steuer
Wahl

Pascal: „Wir Bauern müssen hohe Steuern zahlen. Meine Eltern und ich arbeiten den ganzen Tag. Doch das meiste müssen wir abgeben. Und wir haben nichts zu sagen!“

Matthias: „Ich denke, alle Menschen, die Geld verdienen, müssen Steuern zahlen. Und wieso habt ihr nichts zu sagen? Es gibt doch Wahlen!“

Pascal: „Wahlen? Du meinst, die Regierung wird gewählt? Aber nicht bei uns! Wir haben einen König. Und uns Bauern schreibt alles der Grundherr vor.“

Matthias: „Keine Wahlen – unglaublich! Und was hat dieser Grundherr euch vorzuschreiben?“

Pascal: „Wenn ich woanders arbeiten will, brauche ich die Erlaubnis vom Grundherrn. Stell' dir mal vor: Als mein Vater meine Mutter heiraten wollte, musste er erst den Grundherrn fragen!“

Matthias: „Das gibt es doch gar nicht! Ich kann doch selbst entscheiden, was ich machen will. Das würde ich mir nicht gefallen lassen!“

Pascal: „Das sagst du so. Du lebst heute! Früher war das anders. Deshalb kämpfen die Menschen ja!“

3 Womit ist Pascal unzufrieden? Sprecht darüber in der Klasse.

Der Absolutismus in Frankreich

1 Seht euch das Bild genau an.

→ der kostbare Pelzumhang
der Thron
die goldene Kette
das Schwert
die Perücke
das Zepter
die Krone

2 a) Beschreibt das Bild mit den passenden Wörtern.
b) Erklärt, warum der König sich mit all diesen Gegenständen malen ließ. Was wollte er damit zeigen?

Ludwig regiert absolut

Der „Sonnenkönig“ Ludwig XIV. (der 14.) herrschte in Frankreich absolut. Das bedeutet: Er bestimmte alles ganz allein. Er war oberster Richter und konnte verurteilen, wen er wollte. Zugleich war er oberster Gesetzgeber. Er allein bestimmte, was erlaubt und was verboten war. Außerdem war er oberster Befehlshaber über die Soldaten. Er soll gesagt haben: „Der Staat bin ich!“

→ Lexikon S. 110–120 Absolutismus

3 Ergänze die Tabelle.
Ludwig XIV. regierte absolut, denn er war …

Die drei Stände in Frankreich

„Zum Ersten Stand gehören 130 000 Geistliche. Wir sind Priester oder Bischöfe. Selbstverständlich zahlen wir keine Steuern."

„Wir Adlige bilden den Zweiten Stand. Zu uns gehören 350 000 Grafen, Herzöge oder Barone. Die Adligen sind beim Militär die Offiziere. Steuern zahlen wir natürlich nicht."

„Wir Bürger und Bauern sind der Dritte Stand. Wir sind 28 Millionen Menschen! Einige von den Bürgern sind reich: Kaufleute, Handwerker, Ärzte. Doch die meisten Menschen von uns sind arme Bauern. Wir zahlen sehr viel Steuern."

4 Fülle die Tabelle aus.

	Wer gehörte dazu?	Wie viel Menschen?	Steuern
Erster Stand			ja ☐ nein ☐
Zweiter Stand			ja ☐ nein ☐
Dritter Stand			ja ☐ nein ☐

Der Dritte Stand will mitbestimmen

1 Wie begann die Revolution in Frankreich?

→ Textknacker
1 Bild
4 Schlüsselwörter

So begann die Französische Revolution

Im Jahre 1789 herrschte Ludwig XVI. in Frankreich. Er führte viele Kriege und brauchte dafür sehr viel Geld. Deswegen wollte er die Steuern erhöhen. Der König rief die drei Stände zu einer Versammlung zusammen. Sie sollten über höhere Steuern abstimmen. Der Dritte Stand war damit nicht einverstanden und forderte mehr Rechte, wollte mehr mitbestimmen. So kam es zum Streit zwischen den Ständen.

Die Leute aus dem Dritten Stand verließen die Versammlung. Sie gingen in das Ballhaus. Das war so etwas wie eine Sporthalle. Sie schworen, dass sie Frankreich eine Verfassung geben wollten. Das bedeutete, dass der König nicht mehr alles allein bestimmen sollte.

In Paris herrschte Hungersnot. Außerdem hatten die Menschen Angst vor den Soldaten des Königs. Da gingen sie zum Gefängnis „Bastille". Sie wollten das Gefängnis stürmen, um die Gefangenen zu befreien und mehr Waffen für den Aufstand zu besorgen. Der Anführer von den Soldaten wurde getötet. Nun war klar: Die Revolution in Frankreich war nicht mehr aufzuhalten.

Der Dritte Stand will mitbestimmen

2 Was passierte 1789 in Frankreich?
– Was wollte der König?
– Was wollte der Dritte Stand?

3 Wende den Schritt **3** vom Textknacker an.

3 **Ein Text hat Abschnitte.**
Was in einem Abschnitt steht, gehört zusammen.

Schreibe die passende Überschrift über die Abschnitte.

Der Sturm auf die Bastille | Der Ballhausschwur | Die Versammlung der Stände

4 Ordne die Sätze in die richtige Reihenfolge.
Nummeriere sie mit den Zahlen 1 bis 6.

☐ – Die wütenden Menschen stürmten das Gefängnis „Bastille“. **(R)**
☐ – Deshalb wollte der König die Steuern erhöhen. **(C)**
☐ – Der Dritte Stand schwor, dass er Frankreich eine Verfassung geben wird. **(U)**
1 – Der König brauchte Geld für seine Kriege. **(S)**
☐ – Die Leute des Dritten Standes wollten mitbestimmen. **(H)**
☐ – Die Stände hatten Streit. **(W)**

Das Lösungswort heißt: S(1) __(2) __(3) __(4) __(5) __(6)

5 Ergänze die folgenden Sätze.

Der Sturm auf die Bastille geschah am ____________________.

Dieses Ereignis gilt als ______________ der Revolution.

Dieser Tag ist bis heute der ____________________ in Frankreich.

→ Nationalfeiertag
Beginn
14. Juli 1789

Herrschaftsformen vergleichen

So regierten die Könige in Frankreich während der Zeit des Absolutismus.

1 Seht euch das Schaubild genau an.

Der Absolutismus

König

Ausführende Gewalt	Gesetzgebende Gewalt	Richterliche Gewalt
oberster Befehlshaber über die Soldaten	oberster Gesetzgeber	oberster Richter

Das Volk hat **kein Wahlrecht**.

2 Ergänze die Sätze mit passenden Wörtern.

Der König hat gleichzeitig die ______________________,

die ______________________ und die ______________________

Gewalt. Die Gewalt ist ______________________.

Das Volk darf ______________________.

→ ausführende
nicht geteilt
richterliche
gesetzgebende
nicht wählen

3 Überlegt gemeinsam.
Was kann alles passieren, wenn der König absolut regiert?
Nennt Beispiele.

So ist die Regierung ab 1791.
Am 3. September 1791 wurde die neue Verfassung verkündet.

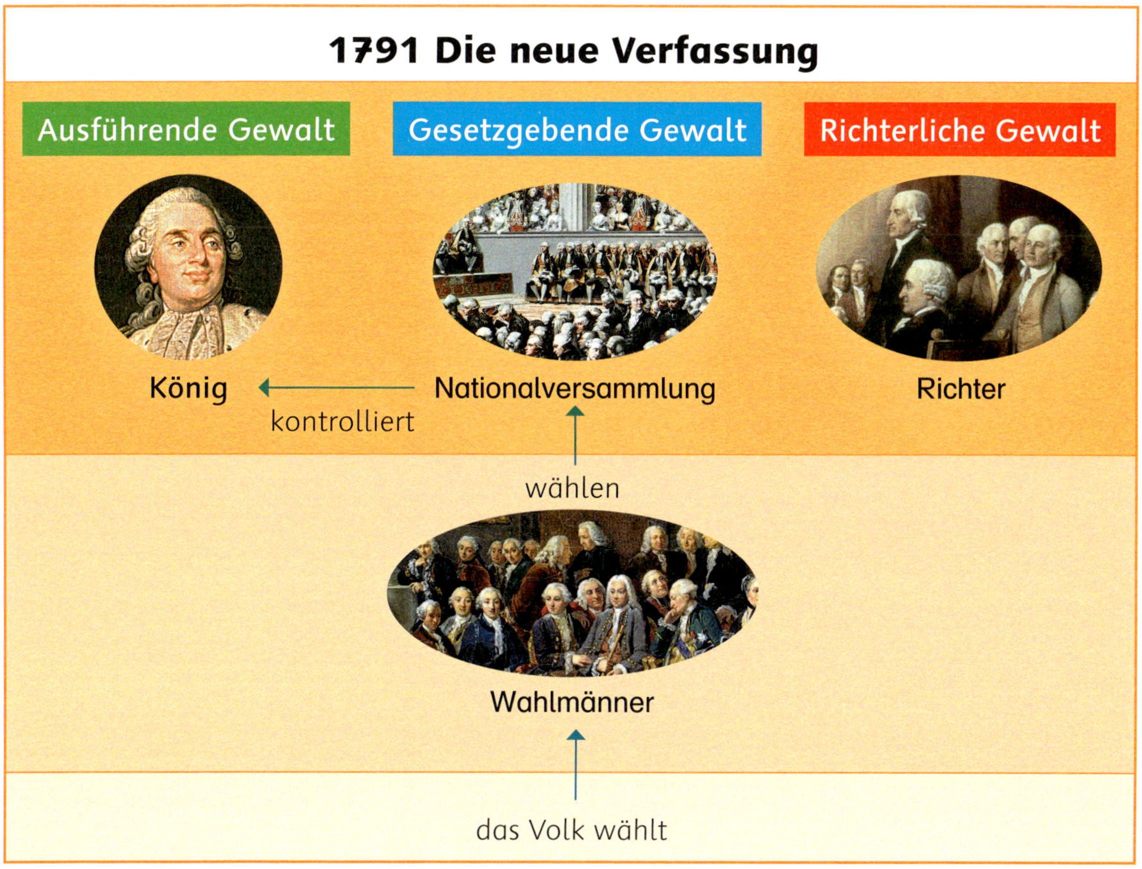

4 Was hat sich geändert?

a) Vergleiche die Schaubilder.
b) Ergänze die Sätze.

Der König hat nur noch die ______________________.

Die Nationalversammlung hat die ______________________

______________________ und kontrolliert den ______________.

Die Richter haben die ______________________.

Die Gewalt ist ______________.

Das Volk wählt die ______________.

Die Wahlmänner wählen die Vertreter für

die ______________________.

→ Nationalversammlung, Richter, ausführende Gewalt, gesetzgebende Gewalt, geteilt, richterliche Gewalt, Wahlmänner König

Die Herrschaft des Schreckens

1 Seht euch das Bild genau an.

→ die Guillotine
die Hinrichtung
die Menschenmasse
die Soldaten

2 Beschreibt das Bild. Was könnt ihr erkennen?

So ging es weiter in Frankreich

Der König musste etwas von seiner Macht abgeben. Das gefiel ihm nicht. Deshalb versuchte er, aus Frankreich zu fliehen. Doch auf der Flucht wurde er gefangen genommen. Er wurde wegen Hochverrats angeklagt und mit der Guillotine* hingerichtet.

Wie sollte es nun weitergehen? Eine Gruppe von Menschen nannte sich „Jakobiner". Sie versprachen, dass es keine reichen und armen Leute mehr geben soll. Alle sollten gleich viel besitzen. Die „Jakobiner" regierten eine Zeit lang allein. Jeder, der etwas gegen sie sagte, konnte verhaftet werden. Etwa 35 000 Menschen wurden hingerichtet. Doch dann wurden die Anführer der „Jakobiner" selbst verhaftet und hingerichtet. Die Herrschaft des Schreckens war vorbei.

* Die Guillotine ist ein Fallbeil. Mit diesem Gerät wurden Menschen, die zur Todesstrafe verurteilt wurden, geköpft.

Die Herrschaft des Schreckens

3 Schreibt die passenden Wörter in die Lücken.

Krieg
hingerichtet
Macht
„Jakobiner“
35 000 Menschen
verhaftet
fliehen

Dem König gefiel nicht, dass er etwas von seiner ______________ abgeben musste.

Deshalb versuchte er aus Frankreich zu ______________.

Doch das gelang ihm nicht. So wurde der König von Frankreich wegen Hochverrats ______________ und ______________.

Kurz darauf regierte die Gruppe der ______________.

Jeder, der etwas gegen sie sagte, konnte hingerichtet werden.

Insgesamt starben in dieser Zeit etwa ______________.

4 Was versprachen die Jakobiner?

a) Lies die Zeilen 7–10 noch einmal.
b) Markiere die Antwort im Text.
c) Schreibe den Satz zu Ende.

Die „Jakobiner“ versprachen, dass ______________

______________.

5 Wie endete die Herrschaft der Jakobiner?

a) Lies die Zeilen 11–14.
b) Markiere die Antwort.
c) Schreibe den Satz zu Ende.

Die Herrschaft des Schreckens endete, weil ______________

____

______________.

Napoleon ergreift die Macht

1 Erklärt, was Napoleon mit diesem Satz sagen wollte.

Europa unter der Herrschaft Napoleons

Auch nach der Herrschaft des Schreckens kam Frankreich nicht zur Ruhe. Da riss ein General die Macht an sich. Er hieß Napoleon und herrschte einige Jahre allein in Frankreich.

→ Lexikon S. 110–120 Napoleon

Mit seinen Soldaten eroberte er viele Länder. Zuerst bejubelten ihn die Menschen in diesen Ländern als Sieger. Aber sie mussten hohe Steuern zahlen. Napoleon zwang viele Männer, als Soldaten für ihn zu kämpfen. Viele starben auf dem Schlachtfeld. Schon nach kurzer Zeit hassten sie den Eroberer.

Die unterdrückten Länder schlossen sich zusammen. Vereint besiegten sie Napoleon in der „Völkerschlacht bei Leipzig" im Jahr 1813.

Napoleon erobert Europa

Napoleon wurde zuerst als Sieger bejubelt.

2 Warum wurde Napoleon später in den eroberten Gebieten gehasst? Nennt die Gründe.

Europa unter der Herrschaft Napoleons

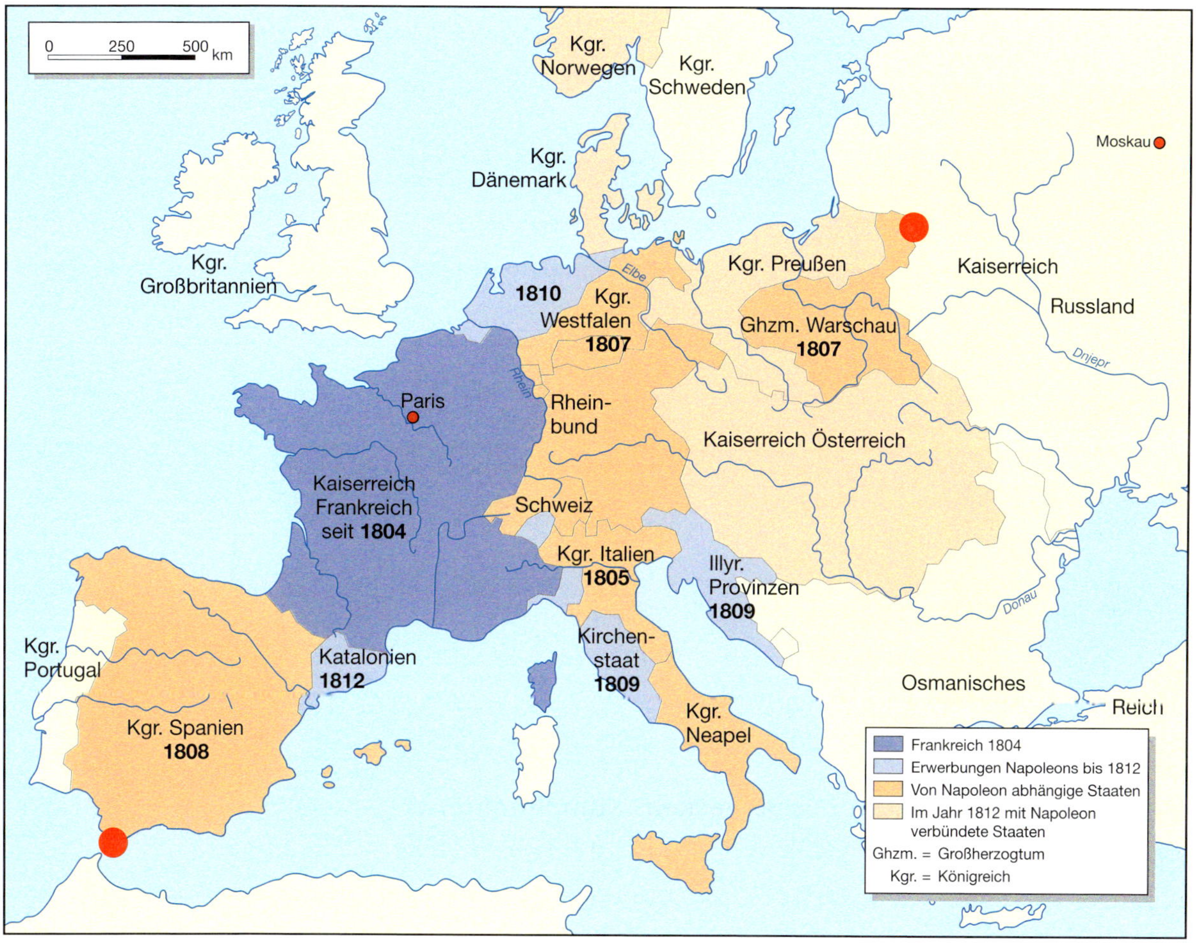

3 Napoleon war mit seinen Soldaten in vielen Ländern. Wie heißen diese Länder heute? Nimm einen Atlas zur Hilfe.

4 Miss nach, wie weit sich der Herrschaftsbereich Napoleons ausdehnte. Nimm den Maßstab auf der Karte als Hilfe.

Entfernung von Spanien nach Polen: ______________ km

Das kann ich!

1 Ordne die Sätze den Bildern zu.
Schreibe die Sätze in der richtigen Reihenfolge auf.

Napoleon ergreift die Macht und erobert viele Länder Europas.

König Ludwig XIV. regiert Frankreich absolut.

Der Dritte Stand schwört, Frankreich eine Verfassung zu geben.

Das Volk in Paris stürmt das Gefängnis „Bastille“.

2 Richtig oder falsch? Kreuze an.

	richtig	falsch
Der Dritte Stand musste keine Steuern zahlen.		
Zum Dritten Stand gehörten 28 Millionen Menschen.		
Nach dem Sturm auf die Bastille konnte der König absolut regieren.		
Nach dem Sturm auf die Bastille waren die Gewalten geteilt.		
Während der Herrschaft des Schreckens wurden viele Menschen hingerichtet.		
Napoleon krönte sich zum Papst.		
Napoleon eroberte viele Länder in Europa.		

3 Schreibe 6 Länder auf, die zum Herrschaftsbereich von Napoleon gehörten.
Hilfe findest du auf Seite 77.

4 Wann und in welcher Schlacht wurde Napoleon besiegt?
Hilfe findest du auf Seite 76.

Im Jahre ______________

in der ____.

Das Deutsche Kaiserreich

Die deutsche Revolution 1848/49

➔ die Flagge
das Flugblatt
die Bürger
die Soldaten
das Gewehr
der Kampf

1 Beschreibt das Bild.

Kämpfe in Berlin

Lange Zeit gab es keinen einheitlichen deutschen Staat.
Deutschland war in 35 einzelne Länder aufgeteilt.
In den einzelnen Ländern regierten die Fürsten absolut.
Sie bestimmten alles allein.
Viele Menschen waren damit unzufrieden.
Sie forderten einen einheitlichen deutschen Staat und mehr Rechte.
Doch das wollten die Fürsten nicht.
Die Bürger bewaffneten sich, um für ihre Ziele zu kämpfen.
Doch Soldaten schlugen den Aufstand nieder.

2 Wer kämpft gegen wen? Trage ein.

_______________ kämpfen gegen _______________

3 Die Flagge auf der Seite 68 ist heute die Flagge von

____

4 Auf dem Flugblatt stehen die Forderungen der Menschen.
Lest die Forderungen.

Bürger! Dies verlangen wir!

35 Länder und 35 Regierungen – es reicht!
Wir wollen nicht 35 einzelne deutsche Länder, sondern:
einen deutschen Staat!

Lange haben die Fürsten allein geherrscht.
Wir verlangen: Schluss mit der Herrschaft der Fürsten!

Wir, das Volk, verlangen unsere Rechte.
Gebt uns endlich allgemeine und freie Wahlen!

Bürger! Wollt ihr das auch? – Dann schließt euch uns an!

5 Was verlangen die Bürger?

Forderungen:

1. _______________

2. _______________

3. _______________

Die Gründung des Deutschen Kaiserreichs

Das Deutsche Kaiserreich wurde im Schloss von Versailles in der Nähe von Paris ausgerufen.

der Kaiser

der Politiker
Otto von Bismarck

die Offiziere
die Uniform
die Pickelhaube

der Festsaal
das Schloss

1 Beschreibt das Bild. Achtet besonders auf die Kleidung der Menschen und auf besondere Gegenstände.
– Wer steht im Mittelpunkt des Bildes?

Die Reichsgründung

Vor etwa 150 Jahren gab es keinen einheitlichen deutschen Staat. Der deutsche Politiker Otto von Bismarck vereinte die einzelnen deutschen Länder. Zusammen waren sie sehr stark. Jetzt kämpften die beiden mächtigsten europäischen Länder gegeneinander: das deutsche Heer unter der Leitung von Preußen gegen Frankreich. Frankreich verlor diesen Krieg. Im Jahr 1871 gründete Bismarck das Deutsche Kaiserreich und wurde Reichskanzler. Die Nachbarländer hatten nun Angst vor dem neuen großen Staat. Aber Bismarck wollte keinen Krieg mehr führen. Er schloss Bündnisse mit den anderen Ländern. So herrschte lange Zeit Frieden in Europa.

Lexikon
S. 110–120

Otto v. Bismarck
Preußen

Die Gründung des Deutschen Kaiserreichs

2 Lest noch einmal im Text die Zeilen 7–9. Ergänzt den Satz.

Im Jahr ____________ gründete der Politiker ______________________________

das Deutsche Kaiserreich.

3 Lest die Meinungen zum Deutschen Reich.

Ein preußischer Bauer

„Endlich gibt es ein starkes Deutsches Kaiserreich! Die anderen Länder müssen jetzt Respekt vor uns haben!"

Ein Arbeiter

„Deutsches Kaiserreich? – Da habe ich nicht viel von! Ich darf doch nicht einmal frei meine Meinung sagen."

Ein Fabrikbesitzer

„Endlich gibt es keine Grenzen mehr in Deutschland. Man kann seine Produkte jetzt viel leichter überall verkaufen."

Eine Lehrerin

„Ich will keinen Kaiser oder König! Ich will freie Wahlen und Demokratie – und das gibt es immer noch nicht in Deutschland."

4 Füllt die Tabelle aus.

Das finden die Menschen gut:	Das finden die Menschen schlecht:
1. ____________	1. ____________
2. ____________	2. ____________
3. ____________	3. ____________
____________	

Die Sozialversicherungen im Kaiserreich

Auf dem Bild seht ihr die Wohnung einer Arbeiterfamilie.

1 Beschreibt das Bild.

So lebten die Arbeiter im Kaiserreich

Eine Arbeiterfamilie lebte in einer kleinen Wohnung. Meistens wohnten 5 bis 10 Menschen in nur zwei Zimmern. Die Familie hatte genug zu essen. Dafür reichte der Lohn aus.

Aber was passierte, wenn die Menschen krank wurden oder einen Unfall hatten? Sie mussten den Arzt und die teuren Medikamente bezahlen. Wovon lebten alte Menschen, wenn sie nicht mehr arbeiten konnten und kein Geld verdienten? Oftmals gerieten sie dann in Not.

Da hatte Reichskanzler Bismarck eine Idee. Er führte die Sozialversicherungen ein. Seit 1883 gibt es eine Kranken- und Unfallversicherung. 1889 folgte die Rentenversicherung. Erst im Jahr 1927 kam dazu die Arbeitslosenversicherung.

2 Wie lebte eine Arbeiterfamilie im Kaiserreich?
Schreibe ganze Sätze auf.

____

____

____

____

3 Schreibt die Versicherungen in die Tabelle.
Ordnet die Versicherungen den richtigen Jahreszahlen zu.

1883	
1889	
1927	

Schreibe die Sätze zu Ende.

Der Mann hat sich den Arm gebrochen.

In ein paar Wochen kann er wieder arbeiten.

Die Arztkosten bezahlt die ______________

______________________________.

Der alte Mann hat viele Jahre gearbeitet.

Jetzt bekommt er eine ______________.

→ Kranken- und Unfallversicherung, Rente

5 Warum waren die Sozialversicherungen wichtig für die Menschen?
Begründe.

Ein Blick in die Gegenwart

Die Sozialversicherungen aus dem Kaiserreich gibt es heute noch. In vielen Situationen helfen sie uns.

1 Lest die Beispiele.

2 Schreibt auf, welche Versicherungen in diesen Fällen helfen.

Fall 1

„Ich heiße Udo und bin Schlosser von Beruf. Vor drei Wochen war ich krank und konnte nicht arbeiten. Zweimal war ich beim Arzt. Ich brauchte auch Medikamente. Zum Glück bekam ich meinen Lohn weitergezahlt. Meine Frau arbeitet nur halbtags und wir müssen zwei Kinder ernähren."

→ Kranken- und Unfallversicherung

Arbeitslosenversicherung

Lohnfortzahlung (gibt es seit 1957)

Hier helfen: ____________________

und ____________________

Fall 2

„Mein Name ist Günter Schmidt. Ich habe 46 Jahre lang gearbeitet. Vor drei Jahren habe ich aufgehört zu arbeiten. Da war ich 65 Jahre alt. Nun bin ich Rentner. Also bekomme ich auch keinen Lohn mehr von der Firma. Ich bekomme jetzt eine Rente. Das ist natürlich weniger als früher, als ich noch gearbeitet habe."

Hier hilft: ____________________

Fall 3

„Ich bin Ute. Mein Beruf ist Sekretärin. Es ist jetzt schon 5 Wochen her. Da hatte ich einen Unfall. Ich bin auf dem Weg zur Arbeit vom Fahrrad gefallen: Ich hatte mehrere Prellungen und eine Gehirnerschütterung. Zwei Wochen war ich sogar im Krankenhaus. Gut, dass ich meinen Lohn weiter bekommen habe. Ich muss ja auch weiter Miete bezahlen!"

Hier helfen: ______________________________

und ______________________________

Fall 4

„Hallo, ich bin Frank. Vor zwei Monaten habe ich meine Arbeit verloren. Die Firma musste drei Leute entlassen. Das war Pech für mich. Nun bin ich erst mal arbeitslos. Seitdem bekomme ich auch keinen Lohn mehr. Aber immerhin bekomme ich wenigstens Arbeitslosengeld. Das ist zwar weniger Geld als vorher, aber besser als gar nichts. Hoffentlich finde ich bald eine neue Arbeit."

Hier hilft: ______________________________

3 Findet heraus: Gab es in eurer Familie oder bei euren Bekannten schon solche Fälle? Welche Versicherung hat da geholfen?

Der „neue Kurs“

- der Säbel
- die Schulterstücke
- die Uniform
- die Krone
- die Reiterstiefel
- der Orden
- der Umhang
- das Zepter

1 Beschreibt das Bild.
Was will die Person mit so einem Bild zeigen?

Der neue Kaiser

1888 bestieg in Deutschland ein neuer Kaiser den Thron. Er wurde Wilhelm II. („Wilhelm der Zweite“) genannt. Er wollte viel verändern. Deshalb machte er eine neue Politik. Seine neue Politik wird auch „der neue Kurs“ genannt. Der Kaiser wollte, dass Deutschland eine Weltmacht wird. Er wollte Länder in Afrika und Asien erobern.

Deutschland sollte zu Land und auf dem Meer das stärkste Land sein. Deshalb ließ er eine große Kriegsflotte mit bewaffneten Schiffen bauen. Das gefiel den anderen europäischen Ländern nicht. Deutschland machte sich dadurch viele Feinde. Sie schlossen Bündnisse gegen Deutschland. Schließlich hatte Deutschland nur noch einen Bündnispartner: das war Österreich-Ungarn.

2 Lies die blauen Schlüsselwörter im Text noch einmal.
Beantworte die Fragen zum Text.

a) Wie heißt der neue Kaiser in Deutschland ab 1888?

Der neue Kaiser ______________________________.

b) Was wollte der neue Kaiser?

Er wollte ______________________________.

c) Was machte er zu diesem Zweck?

Er ließ ______________________________

______________________________.

3 Sieh dir die Abbildung genau an.

Bündnisse vor 1914

4 Nenne die Bündnisse:

______________ – ______________

______________ – ______________ – ______________

Deutschland vor dem Ersten Weltkrieg

In den Jahren 1914 bis 1918 herrschte in Europa der Erste Weltkrieg. Etwa 10 Millionen Menschen starben. Wie kam es dazu?

1 Wende die Schritte [1], [2] und [4] vom Textknacker an.

Gründe für den Ersten Weltkrieg

Übertriebener Nationalismus

Viele Menschen glaubten, dass ihr Land das beste und stärkste Land ist. Sie hielten die anderen Länder für schwach. Auch der deutsche Kaiser dachte so.

Militarismus

Für viele Menschen war das Militär sehr wichtig: Das eigene Land konnte nur stark sein, wenn es viele Soldaten und Waffen hatte. Sogar Kinder trugen manchmal eine Uniform.

Aufrüstung

Die Waffen mussten hergestellt werden. In allen Ländern wurden viele Waffen produziert: Gewehre, Kanonen, Kriegsschiffe und Granaten. Jedes Volk glaubte, dass es das stärkste von allen ist. Gleichzeitig sahen die Menschen, dass alle Länder Waffen herstellten. Deshalb hatten sie auch Angst. Viele Menschen dachten: Ein Krieg wird eine Entscheidung bringen.

2 Was habt ihr über die Gründe für den Ersten Weltkrieg erfahren? Nennt die Gründe und versucht, sie zu erklären.

Deutschland vor dem Ersten Weltkrieg

3 Lies die Meinungen der Menschen.
Ordne die passenden Wörter zu den Äußerungen.

- übertriebener Nationalismus
- Militarismus
- Aufrüstung
- Angst vor den anderen Ländern

„Das wichtigste für das Land sind die Soldaten. Die Soldaten beschützen die Menschen. Sie sorgen dafür, dass die anderen Länder Respekt vor uns haben. Beim Militär herrscht Ordnung. So eine Ordnung brauchen wir auch in den Schulen und Betrieben!"

→ ______________________________

„Alle Länder haben so viele Waffen hergestellt! Ob es zum Krieg kommt? Und gegen wen müssen wir dann kämpfen? Wer wohl zuerst zuschlägt? Manchmal habe ich richtig Angst! Hoffentlich geht das gut!"

→ ______________________________

„Gut, dass wir genug Waffen produziert haben. Und wir brauchen noch mehr! Wir müssen uns wehren können! Ein Land kann sich nur wehren, wenn es genug Waffen hat."

→ ______________________________

„Unser Land ist die Nummer eins! Unsere Soldaten sind die besten auf der Welt! Niemand hat uns etwas vorzuschreiben. Wir machen, was wir wollen! Und wenn einer etwas dagegen hat, soll er uns kennen lernen."

→ ______________________________

Das kann ich!

1 Ordne die Sätze den Bildern zu.

Der neue Kaiser wollte Länder in der ganzen Welt erobern und machte eine neue Politik.

Im Jahr 1871 gründete Bismarck das Deutsche Kaiserreich und wurde Reichskanzler.

Mit der Revolution 1848/49 forderten die Bürger einen einheitlichen deutschen Staat und mehr Rechte.

2 Bismarck führte die Sozialversicherungen ein.
Welche Versicherungen helfen diesen Männern?

____

____

____

____

3 Ergänze die Sätze sinnvoll. Streiche das falsche Wort durch.

a) 1848/49 gab es in Deutschland eine ______________________

b) Reichskanzler Bismarck hatte eine Idee.

Er führte die ______________________ ein.

c) Der neue Kaiser Wilhelm II. wollte einen ______________________.

d) Das Wort „Aufrüstung" bedeutet: Es wurden immer

mehr ______________ hergestellt.

→ Revolution/
Reklamation

Sozialversicherungen/
Sozialdemokratie

neuen Kurs/
neuen Kuss.

Waffeln/Waffen

4 Schreibe die richtigen Begriffe unter die Bilder.

Aufrüstung, Militarismus, Erster Weltkrieg

______________	______________	______________

Die Industrielle Revolution

①

②

③

④

1 Was seht ihr auf den Bildern?

Die Erfindungen auf den Bildern veränderten die Arbeit und das Leben der Menschen. Man konnte schneller arbeiten. Fabriken entstanden. Viele Menschen zogen vom Land in die Stadt, um dort zu arbeiten. Große Städte entstanden.

Diese Zeit nennt man Industrielle Revolution.

2 Welche Erfindungen kennt ihr noch?

So könnten die Schlagzeilen von Zeitungen aus der Zeit der Industriellen Revolution lauten.

3 Lies die Schlagzeilen.

1764 Spinning Jenny

Eine neue Maschine erobert die Welt!

1769 Die Dampfmaschine von James Watt

Eine neue Erfindung aus England revolutioniert unseren Alltag!

1807
Mit vollem Dampf voraus – auch auf Flüssen und Seen!

1835
Das schnellste Pferd von Nürnberg!

Mit der neuen Dampflokomotive dauert die Fahrt von Nürnberg nach Fürth nur noch wenige Minuten.

4 Welches Bild passt zu welcher Schlagzeile?

a) Sieh dir die Bilder auf Seite 94 noch einmal an.
b) Ordne die Bilder den Schlagzeilen zu.
c) Schreibe die passenden Bildnummern in die leeren Kästchen.

Die großen Erfindungen

Vom Spinnrad zur Spinnmaschine

Früher wurde Garn mit Spinnrädern hergestellt. Die Frauen arbeiteten zu Hause an den Rädern. Auf jedem Spinnrad war nur eine Spindel. Eine Frau konnte auf einmal nur ein Spinnrad betätigen und die Arbeit war sehr mühsam.

Im Jahr 1764 wurde in England die Spinnmaschine erfunden. Die neue „Spinning Jenny“ ersetzte die alten Spinnräder. Nun konnten statt einer Spindel 36 Spindeln auf einmal gedreht werden. Eine weitere Entwicklung schaffte sogar bis zu 130 Spindeln.

Die neuen Spinnmaschinen standen nicht mehr in den Wohnungen. Es wurden Fabriken gebaut. Die Frauen, die bisher zu Hause gearbeitet hatten, wurden als Arbeiterinnen eingestellt.

1 Beschreibe die Entwicklung der Garnherstellung vom Spinnrad bis zur Fabrik.

Die Dampfmaschine

Im Jahr 1769 entwickelte der Engländer James Watt eine leistungsfähige Dampfmaschine. Zuvor wurden die Maschinen mit Wind- oder Wasserkraft oder mit der Hand angetrieben. Die neue Dampfmaschine konnte andere Maschinen antreiben. Dadurch funktionierten die Maschinen schneller. Dampfmaschinen wurden bald überall eingesetzt: in der Landwirtschaft, im Bergbau, in der Industrie und im Verkehr.

→ Lexikon S. 110–120
James Watt

2 a) Welche Vorteile hatte die Dampfmaschine?
b) Wo wurden Dampfmaschinen eingesetzt?

3 Ergänze die Sätze mit den passenden Wörtern.

Vor der Industriellen Revolution wurde

mit ______________ Garn hergestellt.

Frauen arbeiteten ______________ an den Spinnrädern.

Auf jedem Rad war eine Spindel.

1764 wurde eine ______________ erfunden.

Der Erfinder nannte sie ______________.

Nun konnten ________ Spindeln gleichzeitig Garn herstellen.

Die Maschine konnte viel ______________ arbeiten als

die Frauen. Es wurden große ______________ gebaut.

Die Fabrikbesitzer stellten Männer und Frauen als ______________ ein.

→ Fabriken
Spinnrädern
Spinnmaschine
zu Hause
Spinning Jenny
130
Arbeiter
schneller

4 Wie funktionierte die Dampfmaschine?
Lies die Arbeitsschritte neben dem Bild.
Schreibe die Zahlen für die Arbeitsschritte 1 bis 4 in die Kästchen.

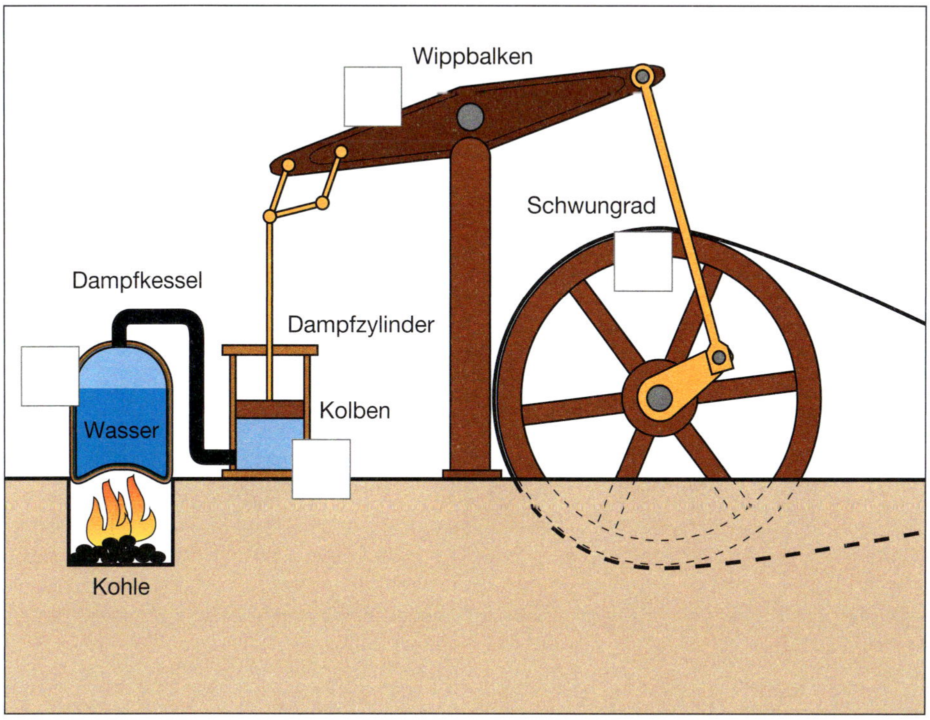

→ 1. Wasser wird erhitzt.
2. Wasserdampf drückt den Kolben hoch.
3. Der Kolben bewegt den Wippbalken.
4. Der Wippbalken bewegt das Rad.

Mit vollem Dampf voraus!

Mit der Dampfmaschine konnten auch Fahrzeuge betrieben werden.

1 Wie veränderten die Dampf-Fahrzeuge das Leben der Menschen?

→ Textknacker 4 Schlüsselwörter

Das Dampfschiff

1807 hatte der amerikanische Erfinder Robert Fulton das erste leistungsfähige Dampfschiff gebaut. Neun Jahre später fuhr der erste Dampfer auf dem Rhein. Viele namhafte Schiff-Fahrts-Gesellschaften entstanden. Der Rhein war ein wichtiger Verkehrsweg für den Güter- und Personentransport.

Die Dampflokomotive

1814 wurde in England die Lokomotive erfunden. Bald wurde auch in Deutschland die erste „Eisenbahn mit Dampf“ gebaut. 1835 wurde die erste Eisenbahnstrecke zwischen Nürnberg und Fürth eröffnet. „Anderthalb Stunden in 10 Minuten“ – mit diesem Spruch warb die Eisenbahngesellschaft für die Fahrt von Nürnberg nach Fürth. Vorher mussten alle Strecken mit der Pferdekutsche zurückgelegt werden. Die Reisen dauerten damals viele Stunden oder Tage. Mit der Eisenbahn verkürzte sich die Reisedauer.

Die Erfindung der Dampf-Fahrzeuge hat das Leben der Menschen erheblich verändert. Menschen und große Warenmengen konnten jetzt in kürzerer Zeit lange Strecken überwinden. Güter konnten schneller in die Großstädte transportiert werden. So erhielten die Fabriken schneller ihre Rohstoffe und auch die Bevölkerung in den Städten konnte jederzeit mit Lebensmitteln versorgt werden.

2 Wie veränderten die Dampf-Fahrzeuge das Leben der Menschen?

Mit vollem Dampf voraus!

3 Markiere die Reisestrecken in der Karte farbig.

Berlin – Dresden: blau
Berlin – Hamburg: rot
Berlin – Köln: grün

4 Vergleiche die Reisedauer mit der Kutsche und mit der Eisenbahn. Rechne aus, wie viel Zeit mit der Bahn gespart wurde. Trage dein Ergebnis in die Tabelle ein.

Von Berlin nach …	Reisedauer mit der Kutsche	Reisedauer mit der Eisenbahn	Gesparte Stunden
Dresden	23 Stunden	6 Stunden	17 Stunden
Hamburg	36 Stunden	8 Stunden	
Köln	82 Stunden	20 Stunden	

5 Wie hat die Eisenbahn das Leben der Menschen verändert?

Großstädte entstehen

Mit den Fabriken wachsen die Städte.

1819

1880

Zur Zeit der Industriellen Revolution entstanden immer mehr Fabriken. Die Fabriken wurden größer und brauchten viel Platz. Es entstanden große Industriegebiete.

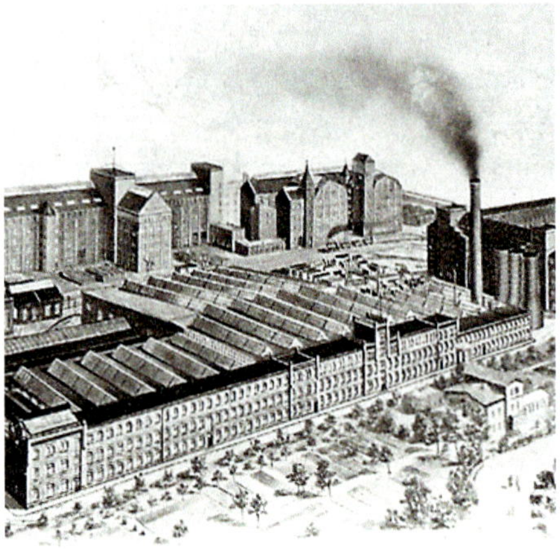

Die Menschen kamen vom Land, um in den Fabriken zu arbeiten. Es wurden große Häuser gebaut, um Wohnungen für die Arbeiter zu schaffen. Man nennt diese Häuser auch „Mietskasernen“. Es entstanden Großstädte mit Industriegebieten, Wohnsiedlungen und Geschäften.

1 Warum zogen die Menschen in die Städte?

2 Was wurde für die Arbeiter gebaut?

Großstädte entstehen

Die Bevölkerung in den Großstädten nimmt zu.

3 Lest die Tabelle.

Einwohnerzahl in Großstädten

	im Jahr 1800	im Jahr 1850	im Jahr 1900
Dortmund	4000	15000	140000
Essen	3000	9000	119000
Bochum	2000	5000	102000

4 Sprecht über die Tabelle.
Was kann man aus der Tabelle erkennen?

5 Ergänze die Sätze.

Die Einwohnerzahl von Bochum beträgt im Jahr 1800 ____________.

Im Jahr 1850 wohnten dort schon ____________ Menschen.

Im Jahr 1900 stieg die Einwohnerzahl auf ____________.

Das heißt, um 1900 lebten ca. 50 x mehr Menschen in Bochum als um 1800.

6 Was passt zusammen? Verbinde die Satzteile.

Zur Zeit der Industriellen Revolution wurden …	… um Arbeit zu finden.
In den Fabriken …	… viele Fabriken gebaut.
Viele Menschen kamen in die Städte, …	… Wohnungen.
Die Arbeiter brauchten …	… wurden viele Arbeiter gebraucht.
So wurden immer mehr …	… wurden Großstädte.
Aus kleinen Städten …	… Mietskasernen gebaut.

Wohnungsnot und Armut

Viele Menschen kamen in die Städte, um Arbeit zu finden.

1 Wie lebten die Arbeiterfamilien?

→ Textknacker
1 Bild
4 Schlüsselwörter

So lebten die Arbeiterfamilien

Viele Arbeiter kamen in die neuen Städte. Es gab zu wenige Wohnungen. Familien mussten in kleinsten Wohnungen leben. Die Mietskasernen waren oft dunkle, feuchte Gebäude. Die Arbeiter und ihre Familien mussten in sehr engen Räumen leben. In einer Wohnung lebten Familien mit fünf bis zehn Personen.

Zur Wohnung gehörten meist eine beheizbare Küche und ein Schlafraum. Die Toilette war auf dem Hof oder im Treppenhaus. Ein Badezimmer gab es damals noch nicht. Mehrere Familien mussten sich eine Wasserstelle teilen. Es gab zu wenig sauberes Wasser.

Die anstrengende Fabrikarbeit und die schlechte Ernährung führten zu ansteckenden Krankheiten: Cholera, Typhus und Tuberkulose. Daran starben viele Kinder. Weniger als die Hälfte der Kinder wurden älter als sechs Jahre.

2 Was habt ihr über das Leben der Arbeiterfamilie erfahren?

Wohnungsnot und Armut

Alle mussten arbeiten: Männer, Frauen und Kinder.

**Die Frauen hatten einen schweren Alltag.
Sie mussten sich neben der Fabrikarbeit
um die Kinder kümmern und alles
im Haushalt erledigen.**

Hier siehst du den Tagesablauf einer Frau.

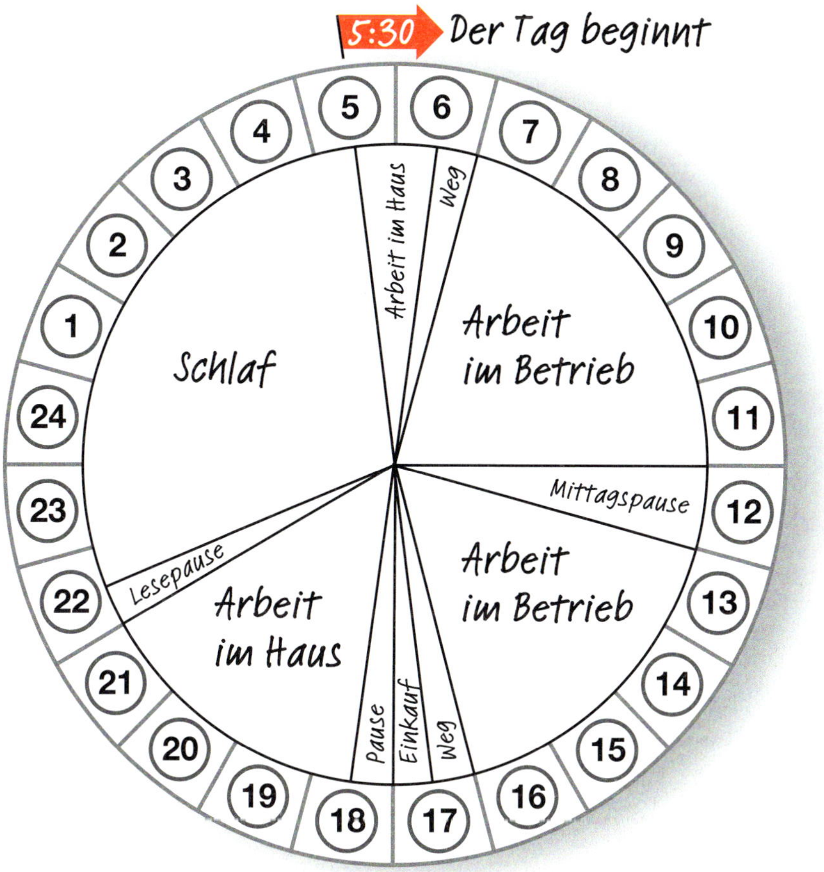

3 Male farbig:
- die Zeiten, in denen die Frau in der Fabrik arbeitet: rot
- die Zeiten, in denen die Frau für den Haushalt arbeitet: orange
- die Zeiten, in denen die Frau Freizeit hat: grün

4 Wie viel Stunden Freizeit blieben der Frau? _____ Stunden

5 Sprecht über den Alltag der Frau damals.

6 Findet heraus:
Wie hat sich der Alltag der Frauen im Laufe der Zeit verändert?
Was ist heute anders?

Kinderarbeit

**Auch die Kinder mussten arbeiten gehen.
Ab dem 6. Lebensjahr wurden sie für die Fabrikarbeit eingesetzt.**

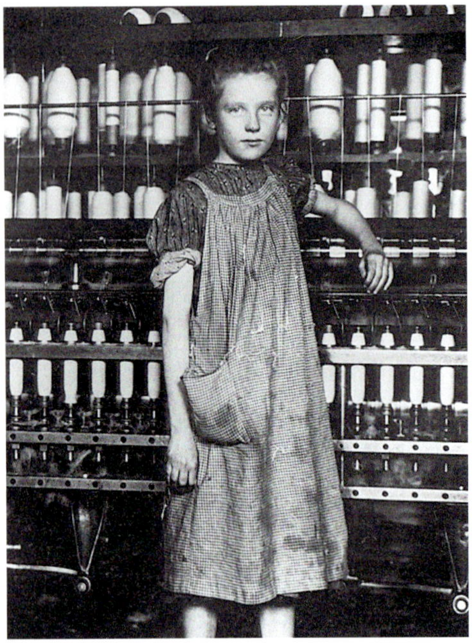

Kinder – billige Arbeitskräfte

Für die Fabrikbesitzer waren die Kinder billige Arbeitskräfte. Besonders im Bergbau wurden Kinder gern angestellt. Sie waren klein und konnten gut in den unterirdischen Stollen kriechen. In der Spinnerei konnten die Kinder mit ihren kleinen Händen besser die Maschinen bedienen.

Erst 1839 gab es ein Gesetz, das die Kinderarbeit einschränkte und zum Schulbesuch verpflichtete.

§§ „Kinder unter 9 Jahren sollen nicht in Fabriken arbeiten. Kinder zwischen 9 und 16 Jahren dürfen höchstens 10 Stunden in der Fabrik arbeiten. Bevor Kinder in Fabriken arbeiten dürfen, sollen sie 3 Jahre zur Schule gegangen sein."

1 Warum haben Fabrikbesitzer Kinder angestellt?

2 Wie wurde in dem Gesetz von 1839 die Kinderarbeit geregelt?

Kinderarbeit

Hier seht ihr den Tagesablauf eines Fabrikkindes von 1869.
So verlief jeder Tag in der Woche.
Sonntags hatte das Kind frei. Dann half es der Mutter im Haushalt.

3 Lies die Tabelle.

Tagesablauf eines Kindes von 1869		dein Tagesablauf
5.00–7.00 Uhr	Fabrikarbeit	______
7.00–7.30 Uhr	Frühstück, Bewegung im Freien	______
7.30–10.00 Uhr	Schulunterricht	______
10.00–12.00 Uhr	Fabrikarbeit	______
12.00–13.30 Uhr	Mittagspause	______
13.30–16.00 Uhr	Fabrikarbeit	______
16.00–16.15 Uhr	Abendbrot	______
16.15–19.00 Uhr	Fabrikarbeit	______

4 Vergleiche den Tagesablauf eines Kindes von 1869 mit deinem Tagesablauf. Fülle die Tabelle aus.

5 Markiere die Zeiten in der Tabelle farbig:
- für die Arbeitszeit: rot
- für die Schulzeit: gelb
- für die Freizeit: grün

6 a) Wie viel Freizeit hatte das Kind? ______ Stunden

b) Wie viel Freizeit hast du? ______ Stunden

Ein Industriemuseum erkunden

In einem Industriemuseum könnt ihr euch über die Geschichte einer bestimmten Fabrik oder eines Unternehmens informieren. Mit welchen Maschinen haben die Menschen damals gearbeitet? Wie haben die Menschen damals gelebt? Darüber könnt ihr in dem Museum mehr erfahren.

Das Industriemuseum Papiermühle „Alte Dombach“

Die Klasse 8b hat ein Papiermuseum erkundet. Zuerst haben sie einen Termin vereinbart und die Verkehrsverbindungen für die Fahrt ausgesucht. Die Lehrerin hat die Klasse für den Besuch angemeldet.

Im Museum hat die Klasse an einer Führung teilgenommen. Die Schüler haben Fotos von den Maschinen und Werkzeugen gemacht. Alle Schüler haben Fragen gestellt und die Antworten aufgeschrieben. Die Schüler haben Informationsmaterial im Museum bekommen.

Nach dem Museumsbesuch haben die Schüler ein Plakat erstellt. Auf dem Plakat haben sie ihre Ergebnisse präsentiert.

So sieht das Plakat der Klasse 8b aus.

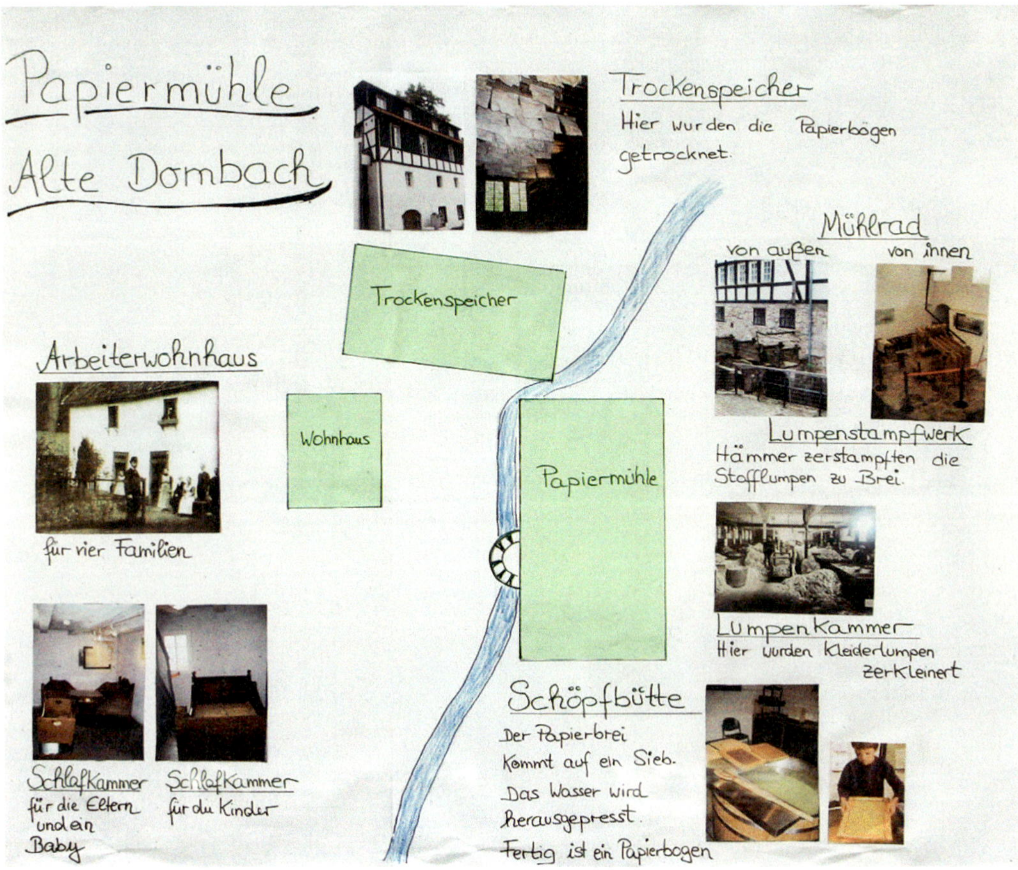

1 Was haben die Schüler der Klasse 8b getan?
- Welches Museum haben sie erkundet?
- Wie haben sie die Erkundung vorbereitet?
- Was haben sie im Museum getan?
- Wie haben die Schüler ihre Ergebnisse präsentiert?

Sicher gibt es in der Umgebung eures Wohnortes ein Industriemuseum.
Erkundet ein Industriemuseum mit eurer Klasse.

So könnt ihr vorgehen:

1. Schritt: Vorbereitung
Besprecht in der Klasse gemeinsam:

- Welches Industriemuseum wollt ihr erkunden?
- Wann sind die Öffnungszeiten?
- Wie viel kostet der Eintritt?
- Wie kommt ihr dorthin?
- Könnt ihr dort eine Führung buchen?

Stellt einen Arbeitsplan auf:

- Wer macht Fotos?
- Welche Fragen wollt ihr stellen?
- Wer schreibt die Antworten auf?

2. Schritt: Durchführung

- Geht oder fahrt gemeinsam zu eurem Ziel.
- Denkt an eure Aufgaben.

3. Schritt: Die Ergebnisse präsentieren

- Gestaltet ein Plakat. Ideen für eure Themen:
  - Welche Maschinen und welche Arbeiten habt ihr in dem Museum gesehen?
  - Wie hat ein Fabrikarbeiter damals gelebt und gearbeitet?
- Wählt Fotos und Info-Materialien aus.
- Klebt die Fotos und die Materialien auf und beschriftet sie.

Das kann ich!

1 Hier könnt ihr die wichtigsten Erfindungen aus der Zeit der Industriellen Revolution sehen. Welche Erfindungen sind das? Trage sie in die Tabelle ein.

Zeit	Bilder	Die Erfindung heißt …
1764		
1769		
1807		
1829		

2 Wie hat sich das Leben der Menschen nach diesen Erfindungen geändert?

3 Hier siehst du ein Bild von einer Fabrikhalle um 1800.
Wer sind die Menschen? Trage ein.

→ Fabrikbesitzer
Arbeiterin
Arbeitskind

4 Was könnten die Menschen sagen?
Die Wörter und die Wortgruppen helfen dir.

→ billig, Haushalt machen, krank, spielen, Schule, Hunger, Schmerzen, viel Geld, Kinderarbeit lohnt sich, müde, Angst

Lexikon

das Abendmahl	Das Abendmahl nennen wir das letzte Abendessen, das Jesus zusammen mit seinen Jüngern (= Gefährten) eingenommen hat. Die **Bibel** berichtet, wie Jesus bei diesem Abendmahl Brot und Wein unter seinen Jüngern verteilt hat. Wenn Christen heute im Gottesdienst das Abendmahl feiern, denken sie an diesen Moment.
der Ablassbrief, die Ablassbriefe	Früher glaubten die Menschen, dass sie sich von ihren Sünden mit Geld freikaufen können. Dann kauften sie einen Brief, in dem ihnen die Kirche ihre Sünden vergab. Einen solchen Brief nennen wir Ablassbrief. **Martin Luther** hat gegen diesen Ablasshandel gekämpft.
der Absolutismus	Der „Sonnenkönig" Ludwig XIV. hatte in Frankreich die uneingeschränkte **Macht** ohne Mitwirkung der drei **Stände**. Ludwig verstand sich als Stellvertreter Gottes auf Erden. Er lebte im Schloss von Versailles und führte ein prunkvolles Leben am Königshof. Das „absolute" Regierungssystem von Ludwig XIV. wurde zum Vorbild für viele andere Herrscher in Europa im 17. und 18. Jahrhundert. Deswegen sprechen wir vom „Zeitalter des Absolutismus".
der Adel, die Adligen	Als Adlige bezeichnete man die Angehörigen mächtiger und reicher Familien. Im **Mittelalter** beanspruchten sie aufgrund ihrer Abstammung und ihres Besitzes besondere Rechte gegenüber der restlichen Bevölkerung. Die Adligen waren hoch angesehen und arbeiteten oft im Militär und in der Verwaltung für den **König**. Sie zahlten keine Steuern. Zum Adel zählten zum Beispiel die Fürsten, die Grafen, die Barone und die Herzöge.
Amerika	Amerika ist ein Kontinent (= Erdteil). Auf diesem Kontinent liegen Länder wie die Vereinigten Staaten (USA), Mexiko und Brasilien. Von Europa aus liegt Amerika westlich.
Asien	Asien ist ein Kontinent (= Erdteil). Auf diesem Kontinent liegen Länder wie Russland, China und **Indien**. Von Europa aus liegt Asien östlich.
die Bibel	Die Bibel ist das heilige Buch der Christen. Sie erzählt, wie Gott die Welt geschaffen hat und wie sich der christliche Glaube verbreitete. Die Bibel besteht aus zwei Teilen: dem Alten und dem Neuen Testament. Das Neue Testament beginnt mit dem Leben Jesu.

 **Bismarck, Otto von**	Otto von Bismarck wurde 1815 geboren. 1862 berief ihn der König zum Ministerpräsidenten in **Preußen**. Das heißt, Bismarck wurde Chef der **Regierung**. Mit Preußen führte er Kriege gegen andere deutsche Länder. In den Jahren 1870/1871 kam es zum Krieg gegen Frankreich. Danach entstand das Deutsche Reich. Bismarck wurde 1871 Reichskanzler. Er bestimmte die Politik des Deutschen Reiches bis 1890. Dann wurde er von **Kaiser Wilhelm II**. abgesetzt. Bismarck starb 1898.
das Bündnis, die Bündnisse	Ein Bündnis ist ein Vertrag zwischen Personen oder Ländern. Die Partner verpflichten sich, einander zu unterstützen und keinen Krieg miteinander zu führen. **Otto von Bismarck** schloss verschiedene Bündnisse, um das Deutsche Reich vor einem militärischen Angriff anderer Staaten zu schützen.
der Bürger, die Bürger	Bürger waren im **Mittelalter** Menschen, die rund um eine Burg lebten. Wenn es Krieg gab, durften sie innerhalb der Burgmauern Schutz suchen. Bauern oder fahrende Händler hatten dieses Recht nicht. Später benutzte man den Begriff für Leute, die in einer Stadt wohnten. Heute sind alle Menschen Bürger ihres Staates.
die Demokratie	Der Begriff der Demokratie kommt aus der griechischen Sprache. Er bedeutet Volksherrschaft. In einem demokratischen Staat bestimmen die Angehörigen des Volkes die Politik. Das geschieht durch **Wahlen** und Abstimmungen.
der Dreißigjährige Krieg (1618 –1648)	Im Dreißigjährigen Krieg kämpften evangelische und katholische Christen gegeneinander. 30 Jahre lang stritten Schweden, Frankreich und Deutschland um die **Macht** in Europa. Der Dreißigjährige Krieg endete mit dem Westfälischen Frieden. Trotz des Friedens brauchte Europa noch ungefähr 100 Jahre, um sich von den Schäden zu erholen.
England	England ist ein Teil vom Vereinigten Königreich Großbritannien und Nordirland. Zusammen mit Schottland und Wales liegt England auf der Insel Großbritannien in der Nordsee. Die Hauptstadt des Vereinigten Königreiches heißt London.
die Firmung	Die Firmung ist für katholische Christen ein wichtiges Ereignis. Sie legen ein Glaubensbekenntnis ab und werden dann in die Gemeinde aufgenommen. Sie feiern so den Übergang zum Erwachsensein.

die Freiheitsstatue	Die Freiheitsstatue steht auf einer kleinen Insel im Hafen von **New York**. Sie zeigt die Freiheitsgöttin. In ihrer linken Hand hält sie eine Tafel. Darauf steht das Datum 4. Juli 1776. Das war der Tag, an dem **Amerika** seine Unabhängigkeit erklärt hat. In der rechten Hand hält sie eine goldene Fackel. Die Statue ist 50 Meter hoch. Sie war ein Geschenk der französischen Regierung an die Vereinigten Staaten und wurde 1886 eingeweiht. Die Menschen, die als Einwanderer mit Schiffen nach Amerika kamen, freuten sich, wenn sie die Statue sahen. Dann wussten sie, dass sie endlich in ihrer neuen Heimat angekommen waren.
der Grundherr, die Grundherren	Grundherren waren im **Mittelalter** zum Beispiel die **Adligen** oder die Vertreter der Kirche. Sie verfügten über das Eigentum an Grund und Boden. Die Bauern waren von den Grundherren abhängig. Von ihnen bekamen sie das Land zur Bewirtschaftung. Für das Land und den Schutz, den der Grundherr den Bauern bot, verlangte er eine Gegenleistung. So mussten ihm die Bauern kostenlos Fleisch oder andere Lebensmittel liefern. Die Grundherrschaft bestimmte das Leben der Bauern bis weit in das 19. Jahrhundert hinein.
 **Gutenberg, Johannes**	Johannes Gutenberg (1397–1468) gilt als Erfinder des Buchdruckes. Er wurde in Mainz geboren und eröffnete dort mehrere Druckereien. Damit veränderte er die Welt. Denn bis dahin waren alle Bücher mit der Hand geschrieben und bemalt worden, was sie sehr teuer machte. Gutenberg hatte die Idee, kleine bewegliche Buchstaben aus Blei zu benutzen. Diese setzte er auf einer Platte wie Puzzleteile zu einem Ganzen zusammen. Die Platten mit Buchstaben bestrich er mit Farbe und druckte den Text auf ein Blatt. Von den Platten konnte man mehrere Abzüge machen. Bücher wurden dadurch viel billiger. Auch einfache Leute konnten sich nun Bücher leisten.
der Hochverrat	Eine Person, die wegen Hochverrat angeklagt wird, hat die Sicherheit eines Landes gefährdet. Das heißt, sie hat versucht, Staatsgeheimnisse an andere Länder zu verraten oder sie hat geplant, die **Regierung** eines Landes zu stürzen. Zur Zeit der Französischen Revolution wurde Hochverrat noch mit dem Tode bestraft.
der Indianer, die Indianerin **die Indianer(innen)**	Indianer nennen wir die Ureinwohner von **Amerika**. **Kolumbus** dachte, dass er den Weg nach **Indien** gefunden hätte. Deswegen nannte er die Menschen, die er in Amerika traf, Indianer.

Indien	Indien ist ein Land in **Asien**. Schon vor vielen tausend Jahren haben dort Menschen in Königreichen gelebt und große Tempel gebaut. Heute ist Indien eines der bevölkerungsreichsten Länder der Erde. Über 1 Milliarde Menschen leben in Indien.
das Industriegebiet, die Industriegebiete	Ein Industriegebiet ist eine große Fläche, auf der Unternehmen und Firmen ihre Produktionshallen bauen. Industriegebiete sind gut erschlossen, das heißt, sie haben Anschluss an Autobahnen oder Eisenbahngleise. Dadurch können Rohstoffe einfacher und schneller an- und abtransportiert werden. Weil in Industriegebieten oft auch nachts gearbeitet wird, liegen sie weit entfernt von Wohngebieten.
die Industrielle Revolution	Industrialisierung nennt man die technischen, wirtschaftlichen und sozialen Veränderungen am Ende des 18. Jahrhunderts in **England**. Im übrigen Europa begann die Industrialisierung erst im 19. Jahrhundert. Wichtige Merkmale sind der massenhafte Einsatz von Maschinen, die Produktion in Fabriken und die Spezialisierung der Arbeit. Diese neue Arbeitsweise hatte große Auswirkungen auf das Leben der Menschen. Deshalb wird diese Phase auch „**Industrielle Revolution**" genannt.
die Inka	Die Inka waren ein Volk in Südamerika. Sie lebten vor ungefähr 500 Jahren und herrschten über ein großes Gebiet. Viele Inka waren Bauern, aber es gab auch **Adlige** und Priester. Die Herrscher der Inka wurden als Götter verehrt.
die Jakobiner	Die Jakobiner waren eine politische Gruppe während der Französischen Revolution. Sie dachten radikal, das heißt, sie wollten ihre Ziele unbedingt und mit aller **Macht** durchsetzen. Der Anführer der Jakobiner hieß Maximilian Robespierre.
der Kaiser, die Kaiser	Kaiser bedeutet „Herrscher". Der Kaiser hatte im Mittelalter noch mehr **Macht** als der **König**. Er wurde vom **Papst** gekrönt. Kaiser hatte es aber davor schon in der Antike gegeben. Der erste Kaiser der Geschichte war Julius Caesar. Er war Herrscher über das Römische Reich.

das Kloster, die Klöster	Ein Kloster ist ein Ort, an dem Menschen wohnen, die nur für Gott leben und arbeiten möchten. Die Frauen nennen wir **Nonnen**, die Männer **Mönche**. Mönche und Nonnen haben einen strengen Tagesablauf. Weil sie sich selbst ernähren müssen, bauen sie alles selbst im Klostergarten an. Früher hatten Klöster oft eine Krankenstation (Hospital).
der König, die Könige	Der König ist ein **Adliger**. Im **Mittelalter** und in der frühen Neuzeit war der König nach dem **Kaiser** der höchste Herrscher seines Landes. Heute haben Könige meist nur noch würdevolle Aufgaben zu erfüllen. Sie haben zum Beispiel keinen Einfluss auf die Gesetzgebung eines Staates. Sie vertreten ihr Land bei Zeremonien, bei Empfängen oder auf großen Sportveranstaltungen wie den Olympischen Spielen.
die Kolonie, die Kolonien	Kolonien sind Gebiete, in die Teile eines Volkes auswandern, um dort zu leben. Kolonien gab es schon im Altertum. Das alte Griechenland hatte auch schon Kolonien um das Mittelmeer. Ein späteres Beispiel ist die Besiedlung von Nordamerika. Die ersten Kolonien dort gehörten zu England. Weitere Beispiele kennen wir aus der Zeit des Deutschen Kaiserreichs. Damals wollten die europäischen Länder Kolonien in Afrika und Asien haben. Der Wettlauf um die Kolonien war auch ein Grund für den Ausbruch des Ersten Weltkrieges.
 **Kolumbus, Christoph**	Christoph Kolumbus (1451-1506) war ein Seefahrer und Entdecker. Obwohl er eigentlich Italiener war, arbeitete er für den König von Spanien. In seinem Auftrag sollte Kolumbus nach **Indien** segeln, um Gewürze und Gold zu finden. Kolumbus segelte, ohne es zu wissen, nach **Amerika** und nannte die Menschen dort „**Indianer**". So entdeckte er 1492 durch Zufall einen neuen Kontinent. Kolumbus fuhr mit seinen Schiffen noch dreimal auf Entdeckungsreise.
die Kommunion	Kommunion bedeutet, dass katholische Christen das Abendmahl zusammen feiern. Die Christen glauben, dass Jesus durch das Abendmahl unter ihnen ist.
die Konfession, die Konfessionen	Konfession nennen wir eine Glaubensrichtung innerhalb des Christentums. Zwei große Konfessionen sind die katholische und die evangelische Kirche, aber es gibt noch viele andere kleinere Gruppen.

die Konfirmation	Die Konfirmation ist ein wichtiges Ereignis für evangelische Christen. Sie feiern so den Übergang zum Erwachsensein. Sie legen ein Glaubensbekenntnis ab und werden dann in die Gemeinschaft der Gläubigen aufgenommen.
 **Kopernikus, Nikolaus**	Nikolaus Kopernikus (1473-1543) war ein polnischer Priester und Astronom (= Sternenkundler). Im **Mittelalter** dachten die Menschen, dass die Erde eine Scheibe ist. Sie glaubten auch, dass unsere Erde unbeweglich im Universum steht, während die Sonne um sie herumkreist. Kopernikus war der Erste, der erkannte, dass das nicht stimmt. Er wusste, dass die Erde eine Kugel ist und dass sie sich um die Sonne bewegt. Viele Menschen glaubten damals nicht, was Kopernikus erforscht hatte. Erst später wurde seine Idee von den Forschungen anderer Wissenschaftler bestätigt.
die Lohnfortzahlung	Alle Menschen, die in Deutschland arbeiten gehen und krank werden, erhalten von ihrer Firma weiterhin ihren Lohn – bis zu sechs Wochen lang. Die Lohnfortzahlung gibt es seit 1957. Anspruch darauf haben Personen, die als Vollzeitkräfte beschäftigt sind. Vollzeitkräfte arbeiten 38 Stunden und mehr in der Woche. Aber auch „Teilzeitkräfte" und Auszubildende erhalten im Krankheitsfall eine Lohnfortzahlung.
 **Ludwig der XIV.**	**König** Ludwig XIV. lebte von 1638 bis 1715. Im Jahre 1661 übernahm er die Regierungsgeschäfte in Frankreich. Er war aber schon im Alter von fünf Jahren 1643 zum König gekrönt worden. Als Sinnbild seiner Herrschaft wählte Ludwig die Sonne. Sie spendet der Erde ihr Licht. Er erhielt deshalb den Beinamen „Sonnenkönig". Ludwig XIV. leitete die Verwaltung des Staates. Außerdem bestimmte er die Gesetze und auch die Rechtsprechung ging von ihm aus. Er herrschte also „absolut".
 **Ludwig der XVI.**	**König** Ludwig XVI. wurde 1754 geboren. Im Jahr 1774 wurde er König von Frankreich. Das Land war zu diesem Zeitpunkt hoch verschuldet. Die Menschen des Dritten Standes hungerten. Weil sie auch politisch keine Rechte hatten, kam es zur Französischen Revolution. Ludwig der XVI. floh mit seiner Frau Marie-Antoinette ins Ausland. Er wurde jedoch gefangen genommen und 1793 in Paris hingerichtet. Jetzt gab es in Frankreich keinen König mehr. Der französische Staat wurde zur Republik.

 **Luther, Martin**	Martin Luther (1483 –1546) hat in Erfurt studiert und wurde dann Mönch in einem **Kloster**. Mit nur 29 Jahren war er schon Professor für Religion in Wittenberg. Luther hatte in vielen Glaubensfragen eine andere Meinung, als die damalige katholische Kirche. Aus diesem Grund schlug er **1517** seine 95 Thesen (= Behauptungen) an die Tür der Kirche in Wittenberg. Mit diesen Thesen löste Luther die **Reformation** aus. Luther wollte zum Beispiel den **Papst** nicht als obersten Herren der Kirche anerkennen. Ihm gefiel auch nicht, dass es die **Bibel** nur auf Latein gab, denn das verstanden die einfachen Leute nicht. Auf der Wartburg (Thüringen) übersetzte Luther die Bibel vom Lateinischen ins Deutsche.
die Macht	Wer Macht hat, hat das Sagen. Im **Mittelalter** hatten **Kaiser** und **Könige** die Macht, über andere Bewohner ihres Landes zu bestimmen. In einem demokratischen Staat wie Deutschland liegt die Macht beim Volk.
die Maya	Die Maya waren ein Volk in Mexiko. Sie hatten eine eigene Schrift und bauten große Städte. Ihre Pyramiden sind genauso berühmt wie die Pyramiden in Ägypten. Die Maya waren sehr gute Sterndeuter und ihr Kalender hatte genau wie unserer schon 365 Tage.
die Mietskaserne, die Mietskasernen	Mietskasernen wurden am Ende des 19. Jahrhunderts in großen Städten wie Berlin und Hamburg gebaut. Viele Menschen waren vom Land in diese Städte gekommen, um sich eine Arbeit zu suchen. Da die Arbeiter nur wenig Geld verdienten, mussten sie mit ihren großen Familien in kleine, billige Wohnungen ziehen. Der Begriff „Kaserne“ stammt aus dem Militär. Soldaten wohnen in Kasernen. Das sind Häuser, die sich viele Menschen miteinander teilen müssen.
das Mittelalter	Mittelalter nennen wir die Zeit zwischen Altertum und Neuzeit. Das war vor ungefähr 1500 bis 500 Jahren. Es war die Zeit der **Ritter** und Burgen.
das Museum, die Museen	Ein Museum ist ein Ort, an dem man sich zum Beispiel über Geschichte, Kunst oder die Tier- und Pflanzenwelt informieren kann. In Museen werden Dinge gesammelt, die für Menschen interessant zum Ansehen sind. Um sich in einem Museum besser orientieren zu können, werden Führungen angeboten. Ein Mitarbeiter des Museums begleitet dabei eine Gruppe Besucher durch das Haus und erklärt die Ausstellungsgegenstände.

 **Napoleon**	Napoleon kam 1769 auf der Insel Korsika zur Welt. Er besuchte die Militärschule in Paris und wurde schon mit 16 Jahren Offizier. Napoleon feierte große militärische Erfolge. Er besiegte fremde Armeen und eroberte neue Gebiete für Frankreich. Die Soldaten waren von ihm begeistert und verehrten ihn. Mit der Unterstützung der Armee gelang es Napoleon daher 1799, die **Regierung** zu stürzen. Er wurde selbst zum Regierungschef und veröffentlichte eine neue **Verfassung**. 1804 krönte er sich selbst zum **Kaiser**. In den folgenden Jahren führte Napoleon weiter Krieg gegen andere Länder in Europa. Doch immer häufiger verlor er die Schlachten. 1814 wurde er daher als Kaiser abgesetzt und musste Frankreich verlassen. Napoleon starb 1821.
die Nationalversammlung	Bezeichnung für eine gewählte Volksvertretung. Ihre Mitglieder sollen eine **Verfassung** für den Staat erarbeiten. Die berühmteste Nationalversammlung in der Geschichte ist die französische Nationalversammlung. Sie wurde während der Französischen Revolution gegründet.
New York	Die Stadt New York wurde Anfang des 17. Jahrhunderts als niederländische **Kolonie** an der Ostküste von **Amerika** gegründet. Sie hieß damals noch „Neu Amsterdam". Später eroberten die Engländer das Gebiet und machten es zu ihrer Kolonie. Sie nannten die Stadt nun „New York", denn der Chef der Kolonie hieß **James Herzog von York**. Heute ist New York eine der größten Städte der Welt und die größte Stadt der Vereinigten Staaten. Über 8 Millionen Menschen leben in New York.
der Papst, die Päpste	Der Papst ist das Oberhaupt der katholischen Kirche. Er lebt im Vatikanstaat in Italien und entscheidet über alle wichtigen Dinge in der katholischen Kirche. Er wird von Kardinälen gewählt und muss bis zu seinem Tod Papst bleiben. Der derzeitige Papst heißt Benedikt und kommt aus Deutschland.
der Pilgervater, die Pilgerväter	Als Pilgerväter (engl. pilgrim fathers) werden die ersten englischen Siedler in Nordamerika bezeichnet. Sie segelten 1620 auf dem Schiff Mayflower über den Atlantik und gründeten die **Kolonie** Plymouth im heutigen Massachusetts.

Preußen	Der Staat Preußen existierte von 1701 bis 1947. Preußen erstreckte sich in dieser Zeit von Frankreich über Deutschland und Polen bis nach Russland. Vorher setzte sich Preußen aus verschiedenen Landesteilen zusammen. Unterschiedliche adlige Familien und Herrscher regierten diese Landesteile. Bevor 1871 das Deutsche Reich gegründet wurde, führte das mächtige Preußen die deutschen Einzelstaaten an. Zuvor hatte Preußen verschiedene Kriege gewonnen, zum Beispiel gegen Österreich. Nach dem Zweiten Weltkrieg wurde Preußen aufgelöst.
die Reformation	Reformation nennen wir die Zeit vor ungefähr 500 Jahren. Sie begann in Deutschland mit **Martin Luther**. Luther schlug 1517 seine berühmten 95 Thesen an das Tor der Schlosskirche in Wittenberg. Die Reformatoren wollten die Kirche verbessern, erneuern (= reformieren). Die Christen, die diese Erneuerung unterstützen, nennen sich seither „evangelisch".
die Regierung, die Regierungen	Die Regierung eines Staates bestimmt die Politik des Landes. Das bedeutet, sie regelt zum Beispiel die Gesetzgebung. Eine Regierung besteht aus einem Regierungschef und mehreren Ministern. In Deutschland ist die Regierungschefin derzeit eine Frau. Sie heißt Angela Merkel.
die Renaissance	Renaissance nennen wir die Zeit zwischen 1300 und 1500. Sie begann in Italien und leitete das Ende des **Mittelalters** ein. Vieles veränderte sich. Universitäten wurden gegründet und die **Stände** waren nicht mehr so wichtig. Man wollte die Antike wiederbeleben (Renaissance = Wiedergeburt).
die Rente	In Deutschland erhalten alle Menschen, die nicht mehr arbeiten gehen können, vom Staat eine Rente. In den meisten Fällen sind diese Menschen über 60 Jahre alt. Alle Berufstätigen müssen jeden Monat einen kleinen Betrag in die Rentenversicherung einzahlen. Dieses Geld wird vom Staat gesammelt und wieder verteilt.
das Reservat, die Reservate	Reservate sind **Indianern** vorbehaltene Gebiete in den USA und in Kanada, die infolge der Kolonisierung Nordamerikas entstanden. Die europäischen Siedler in Nordamerika haben die Ureinwohner von ihren Wohngebieten verdrängt. Der Lebensraum der Indianer wurde immer kleiner. Die meisten und auch größten Reservate befinden sich heute im westlichen Teil der USA – geballt in den Gebirgsstaaten Arizona, Utah und Montana sowie in South Dakota.

die Revolution, die Revolutionen	Das Wort bedeutet „Veränderung, Wandel, Erneuerung". Eine Revolution ist ein meist gewaltsamer und rascher Umsturz einer bestehenden politischen und gesellschaftlichen Ordnung.
der Ritter, die Ritter	Ritter gab es im **Mittelalter**. Sie waren Männer, die für ihren **König** in den Krieg zogen. Deshalb besaßen sie Pferde, eine Rüstung und Waffen. In Friedenszeiten veranstalteten sie Turniere (Pferdewettkämpfe). Ritter sollten höflich, mutig und treu sein.
die Sozialversicherung, die Sozialversicherungen	Das Wort „sozial" kommt aus der lateinischen Sprache und bedeutet „von Nutzen für die Allgemeinheit". Das System der Sozialversicherungen wurde Ende des 19. Jahrhunderts von **Bismarck** eingeführt. Zu den Sozialversicherungen zählen die Rentenversicherung, die Krankenversicherung, die Arbeitslosenversicherung, die Betriebsunfallversicherung und die Pflegeversicherung. Die meisten **Bürger** in Deutschland zahlen jeden Monat einen Teil ihres Gehaltes in diese Versicherungen ein.
Spanien	Spanien ist ein Land in Südeuropa, das viel Meeresstrand besitzt. Weil es dort so warm ist, fahren viele Menschen in den Ferien gerne nach Spanien. Früher hatte Spanien eine große Schiffsflotte. Die Spanier machten viele Entdeckungsreisen. Die Spanier eroberten auch viele Länder in Südamerika.
der Stand, die Stände	Ein Stand war eine gesellschaftliche Schicht im **Mittelalter**. Menschen mit dem gleichen Stand gehörten zusammen. Wer einem höheren Stand angehörte, durfte über andere bestimmen. Jede Schicht hatte ihre Erkennungsmerkmale wie bestimmte Kleider oder Farben, die sie tragen musste.
die Verfassung	Eine Verfassung beschreibt die Ordnung eines Staates. Außerdem legt sie die Rechte und Pflichten der **Bürger** fest. In der Verfassung stehen auch die Aufgaben der verschiedenen Staatsorgane, so zum Beispiel der **Regierung**. Eine demokratische Verfassung wird meist aufgeschrieben. Sie garantiert die Menschenrechte und regelt die Aufteilung der staatlichen Gewalt.
die Wahl, die Wahlen	In einer Wahl entscheiden die Menschen darüber, wer künftig in ihrer Stadt, ihrem Bundesland oder ihrem Staat regieren soll. Für diese Arbeit bewerben sich verschiedene Kandidaten. Die Wähler müssen auf einem Wahlzettel ankreuzen, welchen Kandidaten sie sich wünschen. Die Kandidaten, die die meisten Stimmen erhalten, gewinnen die Wahl. Die deutsche **Regierung** wird alle vier Jahre gewählt.

 **Watt, James**	James Watt war ein großer Erfinder. Er wurde 1736 in Schottland geboren. Seine berühmteste Erfindung ist die Dampfmaschine. Andere Forscher hatten schon vor ihm ähnliche Maschinen entwickelt. James Watt verbesserte ihre Ideen. Seine Dampfmaschinen konnten mehr Leistung bringen. Er gilt daher als Erfinder dieser leistungsfähigen Maschine. James Watt starb 1819.
 **Wilhelm der II.**	Wilhelm II. wurde 1859 als Friedrich Wilhelm Viktor Albert von **Preußen** in Berlin geboren. Wilhelm II. war von 1888 bis 1918 Deutscher **Kaiser** und **König** von Preußen. Seine 30jährige Regierungszeit bezeichnet man auch als „wilhelminische Epoche". Wilhelm II. wollte, dass das Deutsche Reich Weltmacht wird. Wilhelm II. musste nach dem Ersten Weltkrieg (1914–1918) in die Niederlande ausreisen, wo er 1941 starb.
das Zepter, die Zepter	Ein Zepter ist ein Stab aus wertvollem Metall, der ungefähr 50 Zentimeter lang ist. Neben der Krone und dem Reichsapfel trugen **Kaiser** und **Könige** ein Zepter, um ihre **Macht** und ihren Reichtum zu zeigen.
die Zunft, die Zünfte	Eine Zunft nannte man im **Mittelalter** den Zusammenschluss von Handwerkern mit dem gleichen Beruf. Jeder Handwerker musste in einer Zunft sein. Jede Zunft hatte ihr eigenes Zunftwappen. Das war ein Zeichen, auf dem ein typischer Gegenstand der Zunft abgebildet war.